戦国大名と読書

小和田哲男

柏書房

はじめに

戦国武将は、その字が示すように武将であるが、多くの家臣を引っぱっていくリーダーでもあった。リーダーとしての資質をどのようにつかみ、また磨きをかけていったかは興味深いところである。ところが、誰もが名前を知っているような有名な武将であっても、意外と、幼年時代、少年時代のことはあまり知られていない。

どのような勉強をしていたのか、いかなる本を読んできたのか、そして、幼年時代、少年時代の教育・読書歴が、その後の彼らの行動をどのように規定することになるのかを追いかけてみたいというのが本書の趣旨である。

「わが子にいい教育を受けさせたい」との親の思いは昔も今も変わるものではない。武将たちが子どもたちにどのような教育を施したのかを明らかにすることは、極めて今日的な課題に答えることにもなるのではないかと思われる。また、それは、長い歴史の中で積み重ねられてきた、われわれの先人たちが学問に向かってきた姿勢そのものを見直すことになるはずである。

子どもの頃の教育から、成人後の読書遍歴も含めてみることによって、戦国武将たちがどのように領国経営を行っていったのか、合戦の方法、外交術、さらには家臣の教育などについても明らかにしたいと考えている。そうしたいくつもの分野で、彼らの独自性や世界観を読書遍歴から見出すことができるのではなかろうか。

戦国武将たちの人間形成において、教育や読書が果たした役割について掘り下げていきたい。

戦国大名と読書　目次

はじめに……001

一、教育者としての禅僧の役割……009

武将子弟の寺入り……009
上杉謙信を育てた天室光育……015
上杉景勝・直江兼続を育てた北高全祝……022
今川義元・徳川家康を育てた太原雪斎……025
伊達政宗を育てた虎哉宗乙……033

二、どのような書物を読んでいたか……045
玉木吉保の「身自鏡」から……045
「庭訓往来」の世界……049
「実語教」と「童子教」……054
必読書だった「四書」「五経」……065
「貞永式目」が読まれたのはなぜか……067

三、実践に応用された「武経七書」……073
「武経七書」とは……073
北条早雲と孫子の兵法……080
毛利元就と呉子の兵法……092
武田信玄と「風林火山の軍旗」……099
黒田官兵衛と孫子の兵法……102
羽柴秀吉と孫子の兵法……105
徳川家康による兵法書の印刷……109

四、戦国武将にとっての占筮術……114
五経の筆頭に挙げられる『易教』……114
足利学校の易学……119
軍配思想と易筮……125
徳川家康と閑室元佶の易筮……132

五、幅広く読まれていた中国の典籍……139
武田信繁の家訓から……139
「三史」といわれた『史記』『漢書』『後漢書』……145
『詩経』の読まれ方……150
直江兼続の『古文真宝後集抄』の書写……153
徳川家康も学んだ『貞観政要』……157

六、『平家物語』と『太平記』……163
毛利・吉川氏と『平家物語』『太平記』……163
北条早雲と『太平記』……166
上井覚兼の『太平記』読み聞かせ……168
家康が読んだのは『源平盛衰記』……170
七、武将たちはなぜ王朝古典文学を読んだのか……174
明智光秀の「愛宕百韻」と『源氏物語』……174
連歌師が『源氏物語』を講釈していた……179
地方武将の『源氏物語』蒐集……181
戦場から『源氏物語』を所望した武将もいた……187

八、漢詩・和歌と戦国武将……191
武田信玄の漢詩……191
上杉謙信の漢詩……199
直江兼続の漢詩……202
伊達政宗の漢詩……207
代表的な歌集を習得する武将たち……210

九、徳川家康の愛読書と印刷出版事業……219
駿河文庫の主な蔵書……219
侍医板坂卜斎の観察……223
蔵書を通じた家康と直江兼続の交流……225
散佚する恐れのある書籍の蒐集と書写……227
家康が手がけた出版事業……230

おわりに……238

【コラム】
戦国軍師の鳥占い……044
桶狭間の戦いと情報……072
小谷城は焼けていない……113
足利義政にライバル心を持った信長……138
明智光秀謀反の真相……162
小牧・長久手の戦いで秀吉が勝てなかった理由……173
安土・桃山時代はなかった!?……190
「家譜」の限界……218

一、教育者としての禅僧の役割

武将子弟の寺入り

戦国時代、武将の子どもたちが寺で生活していたという話は多い。誰もが知っている例としては、石田三成《いしだみつなり》を挙げることができる。入っていた寺については諸説あるが、三成はある寺の小坊主だった。そこに羽柴秀吉が訪れ、茶を所望した。三成は、初め大きな茶碗にぬるい茶を入れ、秀吉に差し出す。喉が渇いていた秀吉は一気に飲み、「もう一杯」というと、三成は、中くらいの茶碗に少し熱めの茶を入れてきた。秀吉は、「この小坊主、なかなか気がきくな」と思い、試すつもりで「もう一杯」というと、今度は小さな茶碗に熱い茶を入れてきた。秀吉は、この三成の気の利いた対応に感心し、自分の小姓に取り立てたという。

これは「三献茶のエピソード」として有名である。エピソードなので史実とはいえないかもしれないが、いかにもありそうな話として今日に伝えられてきているのである。ちなみに、三成の父は石田正継《まさつぐ》といって、近江国坂田郡石田村（滋賀県長浜市石田町）の土豪《どごう》であった。

三成はその二男だったので、そのまま僧になる可能性もあったわけであるが、土豪クラスの子弟も、学問をつけるための寺入りがあった。結局、三成は、寺での修行中にその才覚を認められ、秀吉にスカウトされたことになる。

三成の場合は、土豪、すなわち地侍クラスなので、武士の身分としては低い部類に属すが、これが専業武士である国人クラスや、戦国大名のレベルになっても、子弟の寺入りは当たり前のことだった。

それは、一つには、当時、子どもたちに教育をする場として、寺しかなかったからである。この点は、当時、キリスト教布教のために来日していたイエズス会宣教師の書簡や記録からも明らかで、たとえば、フランシスコ・ザビエルは、ヨーロッパの同会会員宛ての書簡（一五五二年一月二十九日付け）の中で、「大部分の人々は男性も女性も読み書きができますし、武士階層の男女や商人たちは際立っています。尼僧たちは自分たちの寺院で少女たちに書くことを教え、坊主たちは少年たちに教えています」と書いている。

また、ルイス・フロイスはその著『日欧文化比較』で、「日本ではすべての子供が坊主の寺院で勉学する」と述べている。「すべての子供は」というのは正しくなく、ここはザビエルのいう「武士階層の男女」と捉えるべきだと思われるが、寺で坊主による教育が行われていたことは確かである。江戸時代の寺子屋のルーツは戦国時代にあった。

そして、もう一つ、武将子弟の寺入り、特に戦国大名レベルになると別な要因も加味されることになる。その端的な例を駿河の戦国大名今川《いまがわ》氏でみておきたい。

今川氏親《うじちか》には六人の男の子がいた。戦国武将は、家をつなぐため、後継者の男子は不可欠だった。正室だけでなく、側室を持ったのはそのためである。男の子が一人だけだと、将来、病気で死んだり、戦いで討ち死にしてしまったりする心配もあり、できるだけ男子は多い方がよかった。

ところが、兄弟が多いと、家督争いの原因になることも事実で、氏親は、長男の氏輝《うじてる》を駿府今川館に残し、後継者候補としていた。ただ、氏輝がやや病弱だったので、すぐ下の彦五郎という名の弟も今川館に残し、三男から五男は寺に入れていたのである。なお、六男氏豊《うじとよ》は、尾張今川氏の那古野《なごや》氏のところに養子として出していた。

つまり、三男玄広恵探《げんこうえたん》、四男象《しょう》耳泉奘《にせんしょう》、五男梅岳承芳《せんがくしょうほう》は、その名前からもわかるように寺に入れられていたのである。氏親にしてみれば、家督争いを未然に防ぐための予防措置というわけで、いってみれば、寺入りは家督予備軍のプールといった趣であった。仮に後継者候補に何かあった場合、寺に入っていた兄弟の誰かが還俗《げんぞく》して跡を継ぐことができるという仕組みである。

五男梅岳承芳の教育係となったのが太原崇孚《たいげんそうふ》であった。号を雪斎《せっさい》といい、あとで触れる予定の徳川家康を育てた人物である。氏親から、その頃まだ方菊丸といっていたのちの梅岳承芳、すなわち義元《よしもと》を預かって、駿河の善得寺《ぜんとくじ》、さらに京都の建仁寺《けんにんじ》、妙心寺《みょうしんじ》で義元を

太原崇孚肖像（清見寺所蔵）

教育しているのである。ちなみに、この太原崇孚は、氏輝死後の家督争いで玄広恵探を倒し、義元が家督を継いだあと、その軍師に迎えられている。教育係が、自分が育てた武将の成人後も、軍事・外交顧問になった例としても有名である。

この今川義元の例とやや似ているのが肥前の龍造寺《りゅうぞうじ》隆信《たかのぶ》の場合である。隆信は、享禄二年(一五二九)に、水ヶ江《みずがえ》龍造寺周家《ちかいえ》の子として生まれたが、七歳の時、曾祖父にあたる家《いえ》兼《かね》の命で、家兼の三男、すなわち隆信にとっては大叔父にあたる豪覚《ごうかく》和尚の弟子となり、出家させられている。これは、家兼が、「一子出家すれば九族天に生ず」という古くからのいい方に従ったものといわれている。「九族」は「旧属」と書かれることもある。美濃の斎藤道三《さいとうどうさん》が、わが子を出家させた時の遺言状には、「一子出家すれば九族天に生ずといへり」とある。

戦国武将は、戦いとなれば相手を殺すわけだが、これは仏教の殺生戒《せっしょうかい》を犯すことになるため、常に堕地獄の恐怖を抱いていたと思われ、何人かいる子どもの一人を仏門に入れることに意味があると感じていたことがうかがわれる。こうして隆信は仏門に入り、円月と号していたわけであるが、天文十五年(一五四六)に家兼が亡くなる時、その遺言によって還俗させられ、水ヶ江龍造寺家の家督を継ぐことになったのである。

さて、今ここに名前の出た今川義元は臨済宗《りんざい》、龍造寺隆信は曹洞宗《そうとう》で、ともに禅宗《ぜん》である。武将子弟の寺入りという場合、禅宗の寺が選ばれる傾向があった。次に、その意味についてみておくことにしたい。

「禅儒一致《ぜんじゅいっち》」という言葉を聞いたことがあるかもしれない。禅宗と儒教は根っこの部分でつながっているという意味である。儒教は儒学と言い換えてもいい。儒教の教えが、民政の安定、社会秩序を守る戦国武将の理念に一致し、また、禅僧たちも、いわゆる「王道の規範」を説いていたのである。この点で注目されるのは、『中世武家家訓の研究』で知られる筧泰彦《かけい》氏が「武士の思想の形成」(『日本思想史講座』第2巻)で述べている次の指摘である。

……人格的魅力と算用を踏まえた人倫形成の思想が重視されるようになると、超越世界や心の世界に重きをおく仏教は捨てられ、仏教を潜り抜けつつ、治国平天下の人倫の道を説く宋儒の新儒教が戦国武士たちに迎えられた。彼らは陣中怱忙の間にも、地方に下った禅僧や公家などから儒書や史籍を熱心に学んだ。

つまり、禅僧たちが教える儒教、すなわち、儒学が戦国武将たちの政治理念とされていったのである。自分の子弟の教育係に禅僧をつけるのはその意味において自然のなりゆきであった。そのため、五山禅僧の中には、地方の戦国武将の子どもだったという由緒を持つ者も少なくない。

たとえば、越前の戦国大名朝倉《あさくら》氏初代の孝景《たかかげ》は、弟の良霖を建仁寺に入れているし、有名な古渓宗陳《こけいそうちん》（一五三二〜九七。臨済宗の僧。千利休の禅の師）は朝倉氏の出といわれている。若狭武田氏も、一族から京都の天龍寺《てんりゅうじ》や建仁寺の住持になった人物が何人も出ている。後述する南化玄興《なんかげんこう》も美濃の土岐《とき》氏の出らしい。また、一度は毛利氏によって滅亡させられた出雲の尼子《あまご》氏の場合も、「尼子氏再興」を呼びかける山中鹿介《やまなかしかのすけ》らの求めに応じ、還俗して播磨上月《こうづき》城で討ち死にした尼子勝久《かつひさ》は、京都の東福寺《とうふくじ》で修行していたことが知られている。

そこで以下、武将の子どもたちは、禅寺でどのような教育を受けていたのか、いかなる本で勉強していたのかをみていくことにしたい。

上杉謙信を育てた天室光育《てんしつこういく》

上杉謙信は長尾為景《ながおためかげ》の末子として、享禄三年（一五三〇）に生まれている。為景の二男としている本もあるが、兄晴景《はるかげ》との間にもう一人の兄がいたことは確実であり、少なくとも三男、場合によっては四男以下ということも考えられるので、ここでは「末子」としておきたい。

謙信には十八歳も年長の兄晴景がいて、父為景も早くから晴景に家督を譲るつもりでおり、虎千代と名づけられた謙信は、天文五年（一五三六）、七歳で春日山《かすがやま》城（新潟県上越市）下の曹洞宗寺院林泉寺《りんせんじ》に入れられている。その年、長尾家の家督が晴景に譲られたが、父為景が歿するのは同十一年十二月二十四日のことである。

さて、謙信が入った林泉寺は、明応六年（一四九七）、謙信の祖父にあたる越後守護代長尾能景《よしかげ》が、父重景《しげかげ》の菩提を弔うため、重景の十七回忌の法要を営んだ時、曇英恵応《どんえいえおう》（一四二四～一五〇四。曹洞宗の僧）を招いて開山したもので、それからは長尾家の菩提寺となった。曹洞宗の名刹《めいさつ》である。

曇英恵応から数えて林泉寺六世となったのが微笑珍慶《みしょうちんけい》（生歿年未詳）で、その弟子で七世となったのが天室光育《てんしっこういく》であった。謙信はこの天室光育の教えを受けている。なお、天室光育は明応元年（一四九二）の生まれといわれているので、天文五年の謙信の入寺の時は四十五歳ということになる。

ふつう、禅寺での生活は俗世間と縁が切れているという形なので、戦乱続きの状態でも、寺の中は平穏が保たれることになるが、林泉寺は春日山城のすぐ麓に位置していたということもあって、為景が亡くなった時には、『歴代古案《れきだいこあん》』に、「道七死後の剋《とき》、膝下《しっか》迄凶徒働至躰ニ候間、寔《まこと》ニ甲冑を着、葬送ヲ調《ととの》エ候」とあるように、幼い謙信も、甲冑を着て葬儀に臨んでいたことがわかる。ここに「道七」とみえるのが為景のことである。

また、何歳の時のことかわからないが、林泉寺時代のこととしておもしろいエピソードが伝わっている。謙信が一間四方（三・三平方メートル）ほどの山城《やまじろ》の模型を作り、それに人形を使って、城攻めのまねをして遊んでいたというのである。人形を敵と味方に分け、「どうやって攻めれば落とせるか」、あるいは「どのようにして守れば敵の攻撃を防ぐことができるか」と、一種の模擬訓練をやったわけである。

これは、いってみればシミュレーションゲームであり、もちろん遊びではあるが、合戦のための実戦感覚を養うことになったのではないかと思われる。おそらく、天室光育から兵法の指南も受けていたのであろう。

ところで通説では、このあと謙信は十四歳までの七年間、天室光育のもとで厳しい禅林教育を受けたとされているが、実は『北越軍談』巻二（『上杉史料集』上）に、通説とはかなり異なるいきさつが記されているのである。

『北越軍談』によると、天文五年（一五三六）、林泉寺に入った謙信は、天室光育の教えを受けようとせず、反抗的な態度をくり返し、もてあました光育によって一度春日山城に戻されたという。翌天文六年、再び林泉寺に入れられた時、光育は謙信を栃尾《とちお》の常安寺《じょうあんじ》に移し、そこの門察西堂《もんさつせいどう》（生歿年未詳。曹洞宗の僧）に預け、ようやく教えを受ける態度を示したので、さらに翌七年、謙信は林泉寺に戻されたとしている。軍記物『北越軍談』の史料的信憑性からするとそのままには信用できないが、「性猛《たけ》くして教誨《きょうかい》を拒《こば》る」という記述は、存外的《まと》を射ているのかもしれない。「何で同じ為景の子なのに、自分だけ寺に入れられるんだ」という反抗的な気持ちが謙信にあったとしてもおかしくはない。

林泉寺での修行時代、謙信が天室光育からどのような教育を受けたかはわからない。ただ、かなりのちのことになるが、謙信が隠退を決意した弘治二年（一五五六）、自分の苦しい胸の内を打ちあけ、光育にすがろうとした時の書状の写しが残っていて、謙信が受けたであろう教育の一端を垣間見ることができる。『歴代古案』所収の、この時の書状写しの一部を引用しておこう。

……凡《およ》そ漢高祖七十余度戦ふ。道七（長尾為景）在世中も百余戦ふ。併せて管夫の事、恐れ入り候と雖《いえど》も、次《ついで》を以て申し顕《あらわ》す計《ばかり》に候。去又《されど》（謙信）宗心の事、幼稚の時分、程無く古志郡に罷り下り候所、若年と見懸け、近郡の者共方々従《よ》り椽(栃)尾に向ひ、地利を取り立て、或は不慮の動きを致し候間、其の防戦に及び候。文武の儀を云に断太公、越王勾践《こうせん》は、范蠡《はんれい》によって会稽の恥を雪《そそ》がれ候。爰《ここ》に宗心は、其刻《とき》幼きため師無し。然《しか》りと雖《いえど》も懇《ねんご》ろに弓《きゅう》箭《せん》の業を受くと云々。代々の軍刀を以て諸口に於て大利を得、凶徒を討つ事其の数を知らず候。結局、此家の事をも少々再興、剰《あまつさ》へ先年物詣の刻《とき》、参内、天盃・御劔を頂戴す。父祖以来始て斯《かく》の如き仕合《しあわせ》、寔《まこと》に名利過分至極に候。

ここに「宗心」とあるのが謙信のことである。謙信は、自らを中国の英雄たちになぞらえていたことがわかる。「勾践」「范蠡」「会稽の恥」とくれば、中国の歴史であることが誰の目にも明らかで、謙信が中国の歴史にかなり精通していたことがわかる。おそらく、光育から『史記』などをテキストにして学んでいたものと思われる。

謙信が林泉寺で修行をしている時、前述したように兄晴景が家督を継ぎ、その後、為景が歿したことで越後の雲ゆきはおかしくなってきた。為景在世中は、為景の支配に甘んじていた国人領主たちの中から、晴景を軽くみて、支配に服さない武将が現れ始めたのである。

越後の阿賀野川より北に本拠を持つ武将たちを、特に揚北《あがきた》衆と呼んでいるが、為景の死後、長尾氏による求心力は失われ、独立的な動きが目立ってきた。病弱ということもあり、また父為景ほどのリーダーシップもカリスマ性もない晴景は、そうした反乱を力で押さえ込むことができない状況になってしまったのである。

揚北衆の中で、まだ長尾氏に心を寄せる国人たちの間から、林泉寺に入っている弟謙信の派遣を要請する動きが出てきた。結局、そうした声に押される形で、天文十二年（一五四三）九月、林泉寺を出て三条（新潟県三条市）に出陣している。もちろんこれが謙信の初陣で、この時、十四歳であった。謙信は三条からさらに栃尾城（新潟県長岡市）に入り、栃尾城主本庄実乃《ほんじょうさねより》、三条城主山吉行盛《やまよしゆきもり》、さらには母の実家である栖吉《すよし》城（長岡市）の長尾景《かげ》信《のぶ》らの協力を受け、敵を撃退することに成功している。

揚北衆にしてみれば、謙信が山城の模型と人形を使って城攻めの学習をしていたことなどは知る由もなく、「実戦経験のない禅僧のたまごに何ができるか」ぐらいに考えていたと思われるが、それは大きな誤算だったのである。

こうなると、長尾家中から謙信待望論が出てくるのは当然で、「病弱な晴景に代わって、戦略・戦術にすぐれた謙信の方が家督にふさわしい」という声が沸き上がり、その声に押される形で、謙信は兄晴景の養子として春日山城主に迎えられることになった。謙信が春日山城に入ったのは天文十七年（一五四八）十二月三十日のことで、謙信は十九歳であった。
この段階で、林泉寺の住持はまだ天室光育であった。春日山城主となってすぐ謙信は光育を訪ねたと思われるが、そこでどのような会話がなされたかも含め、くわしいことはわからない。なお、天文二十年（一五五一）三月二十七日に、林泉寺の住持は光育から光育の弟子益翁宗謙《やくおうそうけん》（?～一五七〇。謙信が創設した越後妙照寺《みょうしょうじ》の開山）に代わっており、その後、謙信はしばしば林泉寺に宗謙を訪ね、禅問答を行っていたことが『日本洞上聯燈録《とうじょうれんとうろく》』にみえる。謙信は国守の座についてからも禅の教えを受けようとしていたことがわかる。

林泉寺は曹洞宗の寺なので、謙信の宗派は曹洞宗ということになるが、曹洞宗だけにこり固まっていたわけではなかった。天文二十二年（一五五三）、謙信が上洛した時には、臨済宗大徳寺《だいとくじ》の前住・徹岫宗九《てっしゅうそうきゅう》（一四八〇～一五五六。臨済宗の僧）に参禅し、そこで「宗心」の法号を受けていたことが『上杉年譜』によってわかる。授戒文は、

越之後州平氏景虎公衣鉢法号三帰五戒を授く。宗心と曰く。

天文廿二年癸丑臘八日

前大徳徹岫宗九

というもので、受戒したのが天文二十二年十二月八日だったことがわかる。謙信は曹洞宗

だけでなく、臨済宗にも帰依していたのである。

上杉景勝・直江兼続を育てた北高全祝《ほっこうぜんしゅく》

上杉謙信の養子となった上杉景勝《かげかつ》、その景勝の重臣筆頭で、執政《しっせい》といわれた直江兼続《なおえかねつぐ》も曹洞宗の僧による教えを受けている。越後は同じ禅宗でも曹洞宗系の寺が多かった。

上杉景勝は、弘治元年（一五五五）十一月二十七日、越後坂戸城《さかどじょう》（新潟県南魚沼市）の城主長尾政景《まさかげ》の二男として生まれている。幼名を卯松《うのまつ》といった。母は謙信の姉虎御前《とらごぜん》、すなわち仙桃院《せんとういん》である。

初め、景勝の父政景は謙信に敵対していたが、やがて帰服し、謙信が出陣する時に春日山城の留守を任されるようになっていた。景勝は、坂戸城下の古刹雲洞庵《うんとうあん》（新潟県南魚沼市雲洞）に入り、住持の北高全祝《ほっこうぜんしゅく》の教えを受けている。

さて、その雲洞庵であるが、寺伝によると開創は古く、養老元年（七一七）にさかのぼるという。初め藤原氏ゆかりの尼寺として開かれたが、一時衰退し、室町時代に上杉憲実《のりざね》により曹洞宗の寺院として復興されている。

北高全祝は、陸奥国の国司《こくし》だった北畠顕家《きたばたけあきいえ》の末裔といわれ、十二歳の時に父を失い、薙髪《ちはつ》（頭髪を剃ること）し、諸国を遍歴したのち雲洞庵の不点存可《ふてんそんか》に参じ、その法を嗣いで、住持となっていた。景勝が雲洞庵に入寺した頃の住持が全祝であった。

そして、もう一人注目されるのが直江兼続である。兼続は、永禄三年（一五六〇）、長尾政景の家臣樋口惣右衛門兼豊《ひぐちそうえもんかねとよ》の長男として生まれている。幼名を与六《よろく》といった。この与六、すなわち兼続の聡明さに目をつけたのが景勝の母虎御前で、兼続を雲洞庵に入れ、景勝とともに全祝の教えを受けさせているのである。

もっとも、景勝・兼続が雲洞庵で具体的にどのような教えを受けたかはわからない。『論語』をはじめとする「四書五経」や、『孫子』などの「武経七書《ぶけいしちしょ》」などを学んだのではないかと思われる。

景勝・兼続が雲洞庵で学んでいる最中の永禄七年（一五六四）七月五日、思いもかけない事件が起きた。景勝の父政景が坂戸城下近くの野尻池に舟を浮かべ、琵琶島城《びわじま》（新潟県柏崎市）の城主宇佐美定満《うさみさだみつ》と舟遊びをしていたところ、酔った勢いか、池に飛び込み、二人とも溺死してしまったのである。一説には政景は定満によって殺害されたともいうが、真相は不明である。

この事件のあと、景勝は、実子のいない謙信の養子となり、春日山城に迎えられているので、雲洞庵を去ることになり、また北高全祝の方も翌永禄八年頃には武田信玄の招きで信濃の龍雲寺《りゅううんじ》（長野県佐久市）の住持になっているので、子弟関係にも終止符が打たれることになった。

ただ、このあと、雲洞庵には政景の兄弟である通天存達《つうてんそんたつ》（生歿年未詳。曹洞宗の僧）が入っている。政景の兄ならば景勝にとって伯父、弟ならば叔父となる存達の教えを受けたといわれているので、春日山城に迎えられたあとも、景勝・兼続はしばしば雲洞庵を訪れ、教えを受けていたのかもしれない。春日山城に景勝・兼続が移っていった年月日についてははっきりしていないので、しばらくは雲洞庵にいて、存達の教えを受けていた可能性もある。

その頃のこととして、おもしろい史料が「上杉家文書」の中にある。「伊《い》呂《ろ》波《は》尽《づくし》手本」といわれるもので、謙信が景勝に「いろは」の字の手本を書き送っているのである。これは謙信の自筆といわれ

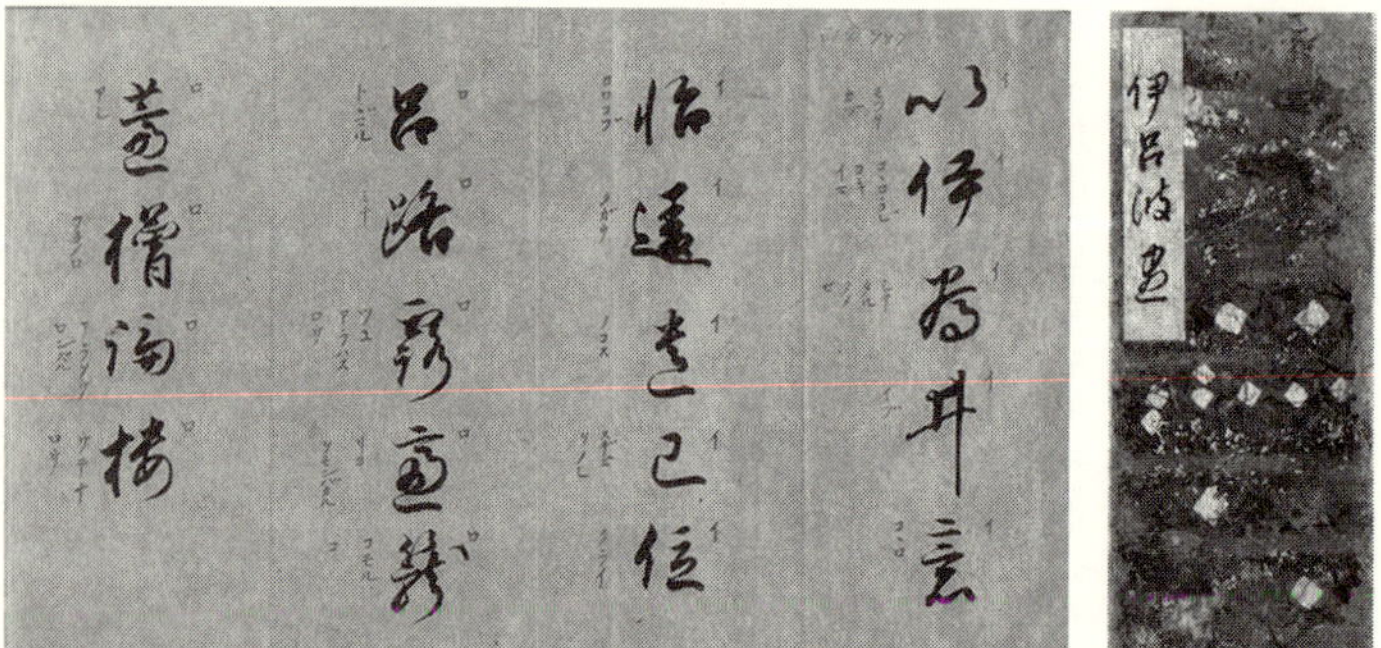

「伊呂波尽手本」（米沢市上杉博物館所蔵）

ており、養子景勝の教育に力を入れていたことがうかがわれる。謙信が亡くなるのは天正六年（一五七八）三月十三日なので、春日山城に入った景勝・兼続は、謙信が亡くなるまでの間、謙信の薫陶を受ける形となり、その生き方に共鳴していったものと思われる。

今川義元・徳川家康を育てた太原雪斎《たいげんせっさい》

一二頁のところで、寺が武将たちの家督予備軍をプールする場所だった例として、今川義元の寺入りと、その養育係だった太原崇孚《たいげんそうふ》、すなわち雪斎《せっさい》について少し触れたが、ここで改めて雪斎の果たした役割についてくわしくみておくことにしたい。

なお雪斎は、正しくは太原崇孚という名であるが、自身の署名では「雪斎」あるいは「雪斎崇孚」としている。従来から、崇孚を「すうふ」と読んでいたが、「宗孚」と署名している文書も発見されたことから、最近では、「そうふ」と発音している。

元禄十五年（一七〇二）に成立した『本朝高僧伝《ほんちょうこうそうでん》』（『大日本仏教全書』一〇三巻）に、「今川氏親之子也」と書かれていたことで、古い人名辞典などでは今川氏親落胤説を採っている場合もあるが、確かな伝記史料「護国禅師雪斎遠諱香語《おんきこうご》写」によって、それが間違いであることは明らかである。

明応五年（一四九六）、今川氏親の重臣だった庵原《いはら》城（静岡市清水区）の城主庵原左衛門尉の子として生まれている。母はやはり氏親の重臣興津《おきつ》藤兵衛の娘である。庵原左衛門尉の何番目の子であるかはわからないが、駿河国富士郡にあった臨済宗の古刹善得寺《ぜんとくじ》（静岡県富士市）に入っている。

やがて京にのぼり、建仁寺《けんにんじ》霊泉院《れいせんいん》に入り、その住持常庵《じょうあん》龍崇《りゅうそう》（一四八〇〜一五三六。臨済宗の僧。東常縁《とうのつねより》の子とされる）の手によって剃髪し、九英承菊《きゅうえいしょうぎく》という名をもらっている。永正六年（一五〇九）のことで、雪斎十四歳の時のことである。雪斎は建仁寺で修行を続けていたが、大永二年（一五二二）、今川氏親の要請によって駿河に戻ることになった。氏親が五男方菊丸の養育係として雪斎を指名してきたためである。今川氏は京都人脈を持っていて、雪斎の優秀さを知らされていたのかもしれない。ちなみに方菊丸、すなわち、のちの義元は永正六年（一五一九）の生まれなので、この年、わずか四歳である。

雪斎は四歳の方菊丸を伴って、再び富士郡の善得寺に戻ることとなった。方菊丸には、兄が四人もいるので、方菊丸まで家督がまわってくることはないだろうと考えていた。家督予備軍といっても、上に四人もいれば埒外とみて当然であろう。「どうせなら、方菊丸を京都の禅寺で修行させたい」と考えるようになり、氏親の了解も取り付け、再び京都にのぼって、建仁寺に入っている。

建仁寺は京都五山の一つで、いわゆる官寺《かんじ》である。特に「五山文学」のメッカで、得度して梅岳承芳《せんがくしょうほう》となった方菊丸は漢詩文にのめり込んでいくようになった。雪斎は本来の禅を学ばせたいと考えており、ついに、林下《りんげ》といわれた同じ禅宗でも幕府の支援のない妙《みょう》心寺《しんじ》の大休宗休《だいきゅうそうきゅう》（一四六八〜一五四九。臨済宗の僧）との問答を経て、梅岳承芳とともに妙心寺に移っているのである。

ちょうどその頃、大永六年（一五二六）に氏親が歿し、あとを長男の氏輝《うじてる》が継いだ。この時、氏輝はまだ十四歳だったが、母であり氏親の正室だった寿桂尼《じゅけいに》の補佐を得て、何とか領国経営は軌道に乗り始めた。氏輝としては、兄弟が駿河にいた方が心強いと思ったのであろう。雪斎と承芳の二人に善得寺に戻るよう要請があり、二人は善得寺に戻っている。その年次については天文二年（一五三三）とする説と二年後の同四年とする説があり、断定はできない。

二人が駿河に戻ってから少し経った天文五年（一五三六）三月十七日、なんと、氏輝が二十四歳の若さで死んでしまったのである。同じ日に、氏輝のすぐ下の弟彦五郎も死んでいるので、事件性のある死であることは疑いない。二人の死因も明らかではないのである。

氏輝はまだ結婚しておらず、子どももいなかったので、ここで、弟たちの中から後継者を選ぶことになったが、四男の象耳泉奘《しょうにせんしょう》は名乗りを上げず、また、六男の氏豊《うじとよ》は尾張今川氏、すなわち那古野《なごや》氏に養子に出ていたので埒外であり、結局、三男の玄広恵探《げんこうえたん》と五男の梅岳承芳との争いとなった。恵探の方が年齢的には上だったが、母親が氏親の側室福島《くしま》氏だというハンデがあった。五男承芳は、弟ではあるが、母は氏親の正室寿桂尼である。

この争いは、恵探が花倉《はなぐら》（静岡県藤枝市）の遍照光院《へんしょうこういん》の住持で、まわりから「花蔵殿」といわれていたことから花蔵の乱と呼ばれている。この花蔵の乱にあたって雪斎がどのような働きをしたかはわからないが、結果的に承芳側が勝ち、その年六月十日、恵探は花倉城を落とされ、瀬戸谷《せとのや》の普門寺《ふもんじ》（静岡県藤枝市）に追いつめられて、自害をしているのである。このあと、承芳は還俗《げんぞく》して義元を名乗る。

ふつうならば、ここで雪斎の養育係としての役目は終わるところであろう。確かに養育係としての役目は終えたかもしれないが、義元は、このあとも雪斎を自分の政治・軍事・外交顧問として側に置いているのである。富士郡の善得寺のほかに、駿府に善得院という子院《しいん》があったが、その善得院を亡き兄氏輝の菩提寺とし、臨済寺と名づけ、雪斎をその住持としているのである。雪斎が開山、すなわち一世ということになるが、雪斎は名目上、自分の師だった大休宗休を一世とし、自らは二世となっている。このあと、雪斎は義元の軍師とか執権と呼ばれ、補佐役として義元の治世に深く関わることになる。

花蔵の乱直後の今川氏の外交政策の転換は、雪斎の方針だったと思われる。氏輝の時代まで、今川氏は甲斐の武田氏とは戦い続けていたが、義元に代替わりすると同時に、武田信虎《のぶとら》とは手を結び、信虎の嫡男晴信《はるのぶ》（信玄）に京都の三条公頼《きんより》の娘を嫁に迎えるべく奔走し、さらに義元へ信虎の娘を迎えているのである。こうした京都人脈を使った外交手腕は、京都での生活があったからできた芸当だったと思われる。

この頃は、まさに「雪斎あっての今川氏」の観があった。たとえば、雪斎のことを熟知していた山本勘助《かんすけ》は、武田信玄に雪斎のことを話しているが、『甲陽軍鑑《こうようぐんかん》』には、次のようにみえる。

其上、臨済寺雪斎の義元公かひぞへに御座ありて、公事《くじ》沙汰万事の指し引きあさからざる故、尾張国織田弾正忠なども駿府へ出仕いたすにつき、末々は都迄も義元公御仕置なるべしと各々風分（聞）にて候へ共、我等式は一段あやふく存知奉つる。いはれは、雪斎明日にも円行（遠行）においては、家老衆のさばき縦《たと》へよく共、雪斎と申す物しりのさばきよりおとりなりと諸人かろく存ずべし。さありて雪斎のごとくなる長老をまた尋ね給はゞ、今川家の事、悉皆《しっかい》坊主なくてはならぬ家と諸人思ひ候て、ケ様に批判申さば、扨《さ》て、以来あやうき事なりと申上る……

もっとも、ここにみえる「織田弾正忠」、すなわち織田信秀《のぶひで》が駿府に出仕しているというのは間違いであるが、雪斎が、義元の側近として「公事沙汰万事の指し引き」をしていたことは明らかである。

雪斎の画策によって、戦国時代にも珍しい「甲相駿三国同盟」が成立しているし、雪斎自らが大将となって三河侵攻の戦いにも出陣しているのである。そして、この三河侵攻の過程で、尾張の織田信秀に人質として取られていた松平竹千代（徳川家康）の奪還という離れ業を演じてみせているのである。

三河の小戦国大名松平広忠《ひろただ》は、今川義元の庇護下に入り、その時、嫡男竹千代を人質に出したが、途中で敵方の信秀に奪い取られていた。雪斎は何とかして取り返したいと考え、天文十八年（一五四九）十一月六日の三河安祥城《あんじょう》（愛知県安城市）攻めの時、将兵に極秘命令を出していた。「城主織田信広《のぶひろ》を生け捕りにせよ」というのである。

この織田信広は、信秀の長男で、信長の兄である。雪斎は、信広を生け捕りにして、竹千代との人質交換の秘策を考えていた。ねらい通り、信広は生け捕られ、竹千代は、改めて今川氏の人質として駿府に連れて来られることになった。その年十二月、竹千代は八歳の暮から今川義元の人質となったのである。

人質というと、どうしても幽閉されているというイメージがつきまとうが、どうも、この時の人質は特別待遇の人質といった方がよいように思われる。なぜなら元服の時、義元から名乗りの一字を与えられ、元信《もとのぶ》となっているからである。のちに元康《もとやす》と改名するが、この時も義元から立派な腹巻が贈られている。

さらには、義元の姪にあたる女性と結婚していることであり、これは明らかに一門待遇である。最後に、極めつけともいうべき特別待遇が、竹千代を雪斎の臨済寺に通わせ、雪斎の教育を受けさせていることである。義元は、自分の養育係だった雪斎に竹千代の教育を委ねているのである。

義元がなぜ、人質の竹千代をそこまで優遇したのかはわからないが、もしかしたら、自分の子である氏真《うじざね》の補佐役に育てようとしていたのかもしれない。このことは、先にみた上杉景勝と直江兼続の関係が想起されよう。

現在、臨済寺に「竹千代手習いの間」と呼ばれる部屋があるが、これは後世作られたもので、また、実際、竹千代が雪斎からどのような学問を教えられていたかも史料がなくわからない。おそらく、「四書五経」や「武経七書」などではなかろうか。兵書を習っていたことは『武辺咄聞書《ぶへんばなしききがき》』（京都大学附属図書館所蔵）の次の記述によって明らかである。

……今朝我《(家康)》若《も》し大高へ兵糧を入んとせば、丸根・鷲津に貝を立べし。寺部・梅が坪等の城に貝を聞て大高表へ馳《はせ》集らば、兵糧入れ候事は扨置《さておき》、味方の大事に及ぶべし。是を了簡する故、先《まず》思ひも寄らず、寺部・梅坪両城へ攻かゝり、火をかけて敵の気を奪ふによつて、丸根・鷲津両城も後切の放火を見て、大高表を捨て、寺部・梅坪へ助来れり。是所謂《いわゆる》先奪ふ其所変て其兵を分者也。是を以《もって》鷲津、丸根に人数なし。我兵糧を大高へ入るにやす〱と功をなし、少も気遣なし。兵法は神速を貴ふとかや、人の及ばざるに乗《じょうじ》、不意の道により其守所攻者也。是皆近き大高へ兵糧入ん為、遠き寺部・梅坪を攻させたり、近して遠きを示す謀別に珍しからぬ術也と宣へば、家老・物頭舌をふるひ、此君幼少より臨済寺の雪斎にたより、兵書を読習給ふと言共、ケ程の明智はよも出でず。生付給へる名将也。老前《おいさ》き頼母敷《たのもしき》と感じける。是を大高の兵糧入とて御手柄初とぞ。

この部分は、永禄三年（一五六〇）五月十九日の桶狭間《おけはざま》の戦い直前における、家康の大高《おおだか》城（名古屋市緑区）兵糧入れに関するもので、この時、わずか十九歳の家康がそうした作戦を成功できたのは、幼少の頃より、雪斎から兵書の講義を受けていたからだとする文脈である。

もしかしたら、兵法だけでなく、儒学でいう「人倫の道」、武将として、また人間としていかに生きるべきかといった教えも受けていたのかもしれない。雪斎は駿河版という形で印刷事業を手がけているが、晩年の家康もやはり、伏見版とか駿河版を手がけており、若い頃に雪斎から受けた影響がいかに大きかったかを物語っているようである。

伊達政宗を育てた虎哉宗乙《こさいそういつ》

幼少期・少年期の養育係が、成長して戦国大名となったあとも政治・軍事・外交顧問のような役割を果たした禅僧がほかにもいた。伊達政宗を育てた虎哉宗乙《こさいそういつ》である。

政宗は永禄十年（一五六七）八月三日、伊達輝宗《てるむね》の長男として生まれている。幼名を梵《ぼん》天丸《てんまる》といった。輝宗は、自分の小姓だった片倉小十郎景綱《かたくらこじゅうろうかげつな》を梵天丸の傅役《もりやく》につけている。なお、片倉景綱は、伊達氏の家臣で、米沢八幡の神官も兼ねていた片倉景重《かげしげ》の子で、聡明さを見込まれ、十歳下の梵天丸の傅役に抜擢されたという。

景綱が梵天丸の傅役を務めていた頃のエピソードがいくつか伝わっているが、一つは、景綱が梵天丸を連れてある寺を訪ねた時のこととされるものである。梵天丸は初めて不動明王を見て、「不動明王も仏か」と質問した。景綱は、「恐ろしい顔はしていても仏です」と答えるが、梵天丸は納得しない。結局、寺の僧が出てきて、「すべての仏が柔和な顔をしているわけではない。世の中には悪人がいるので、それを懲《こ》らしめるために、不動明王のような恐ろしい顔をした仏もいるのです」との説明を受け、ようやく納得したという。この時、「不動明王というのは大名の手本になる仏だな。梵天丸もかくありたい」と言ったというのは有名な話である。景綱による教育がかなり進んでいたことがうかがわれる。

もう一つは、梵天丸が七歳になった時のエピソードである。梵天丸は疱瘡《ほうそう》に罹り、その毒が目にまわり、右目が見えなくなり、しかも、眼球が飛び出し始めたことがあった。飛び出した部分を小刀で切り取るよう命じたが、誰もがおじけづいて小刀を持とうとしない。その時、景綱が小刀で切り取ったという。主従関係という枠を越えた二人のつながりの強さは、このようなことから生まれたのかもしれない。梵天丸、すなわち政宗は、この十歳年長の景綱によって、刀や槍、さらには馬などの武芸を教えられ、次第に一人前の武将として成長していくのである。

父輝宗は、武芸は景綱に任せるとして、学問の師が必要と考えていた。そこで、輝宗がわが子政宗の学問の師として迎えたのが虎哉宗乙であった。

さて、その虎哉宗乙であるが、生まれたのは享禄三年（一五三〇）で、出身地は美濃国方県《かたがた》郡馬馳《ばばせ》郷（岐阜市下西郷）で、福地氏の出というが、くわしいことはわからない。やがて、同じ美濃の小野（岐阜県揖斐郡揖斐川町小野）の東光寺《とうこうじ》に入り、そこの住持だった岐秀元《ぎしゅうげん》伯《ぱく》（?～一五六二。臨済宗の僧）のもとで得度しているのである。岐秀元伯といえば、武田信玄の師として知られる有名な禅僧である。宗乙が得度したのが十一歳の時とされているので、天文九年（一五四〇）ということになる。

五年後、宗乙は諸国行脚《あんぎゃ》を始めている。美濃の崇福寺《そうふくじ》（岐阜市長良福光）では快川紹《かいせんじょう》喜《き》（後述）からも教えを受けており、岐秀

虎哉宗乙木像（覚範寺旧蔵、火災にて焼失）

元伯といい、快川紹喜といい、武田信玄にゆかりがあるので、そのまま武田氏関係の寺、たとえば甲斐の長禅寺《ちょうぜんじ》（山梨県甲府市）などに落ちつくという選択肢もあったと思われるが、そののちも諸国行脚を続けている。

弘治三年（一五五七）、宗乙が二十八歳の時、甲斐の長禅寺を出て、二度目の諸国行脚に出ているが、その途中、出羽国米沢の東昌寺《とうしょうじ》で、大有康甫《だいゆうこうほ》という禅僧に出会ったことで、その後の宗乙の運命は大きく変わることになった。大有康甫は、輝宗の叔父にあたる。

宗乙と康甫の邂逅《かいこう》のいきさつについては、岩間隆義氏の「伊達政宗公の師父虎哉」（伊達篤郎ほか編『伊達政宗教導の師「虎哉宗乙」』）にくわしく述べられているので、次にその部分を引用しておきたい。

虎哉二十五歳、臨済の門風を挙揚した南宗《（ママ）》の虎丘紹隆に因んで、虎哉座元と号し、二十八歳に及んで長禅寺を離れ、修行の道を東奥に求めました。永禄四年（一五六一）三十二歳のとき、羽州米沢東昌寺を初めて訪れ、一夜の宿を願ったのですが、折悪く住職不在で、止宿を断られ、虎哉は無念の思いをこめた一詩を残していったのです。

何奈他郷無旧知　芒鞋竹杖客天涯
吾生恰如鳥漂風雨　鳳有高梧偕一枝

大意は「見知らぬ他郷に知り合いとてなく、至らぬ身のまま各地を旅させていただいています。私の人生は恰も雨、風に漂う鳥のようにはかないものですが、志だけは大きく抱いて、高邁な師の教えを乞いたいものと願っております」。

程なく立ち帰った寺主康甫は、詩を手にして虎哉と知り、さっそく後を追って探し出し邂逅を喜び合い、親交を深めたといわれています。これが機縁で虎哉が政宗の師として迎えられることになるのです。

なお、宗乙の東昌寺在寺が確かめられるのは永禄七年（一五六四）までで、そのあと、一度美濃に帰国し、さらに京都の妙心寺に戻っている。再び東昌寺に入ったのは元亀元年（一五七〇）のことである。

永禄十年（一五六七）に生まれた梵天丸、すなわち政宗が五歳になった元亀二年（一五七二）、輝宗は叔父大有康甫の薦めを受け、政宗の養育係になるよう宗乙に要請している。ところが、この時は、宗乙もその任務の重さを考えてか、「老母がいるから」という理由で固辞している。しかし、輝宗としては、「宗乙しかわが子を託せる禅僧はいない」と考えていたようで、再度、頼み込んでいるのである。結局、翌元亀三年（一五七二）に承諾して、政宗の師となり、輝宗は米沢に資福寺《しふくじ》を建て、宗乙をその中興開山に迎えている。この時、宗乙四十三歳、政宗は六歳であった。

伊達氏の正史である『伊達治家記録《だてじけきろく》』は、元亀三年七月七日のこととして、「七日　慈雲山資福寺新住虎哉入院ス。虎哉諱ヲ宗乙ト称シ、公(政宗)ノ学芸ノ師ナリ」という綱文を挙げ、「性山公治家記録」を引いて次のように記している。

七月戊申大、七日乙卯、慈雲山資福禅寺新住虎哉諱宗乙和尚後賜仏海慈雲禅師入院セラル。進山開堂ノ規式尤モ厳重ナリ。山門仏殿開堂ノ法語等アリ。去年ノ冬興国山下ノ昌首座ヲ専使トシテ招請シ給フ。老母アルヲ以テ固辞シテ不応。此年再ヒ使ヲ遣シ強テ請ヒ給フ。闔国ノ諸老禅モ亦書ヲ以テ倶ニ勧ム。因テ命ニ応セリ。

こうして宗乙は、政宗の養育係として教育にあたるわけであるが、ほかの武将の場合と同じように、どのような書籍を使って教育したかは明らかではない。「四書五経」「武経七書」などが考えられる。

それと、もう一つ、前述したように、政宗は片方の眼が見えず、また、それを片倉景綱が切り取ったこともあり、容貌が醜くなって、母の義姫《よしひめ》からも嫌われ、やや引っこみ思案なところがあったと思われる。隻眼《せきがん》というコンプレックスをはねのける上で、宗乙の教育が大きな役割を果たした可能性はある。

この点について興味深い研究があるのでみておきたい。山田勝芳氏の「伊達政宗の『獨眼龍』——中国的故事あるいは制度受容の一面」(『国際文化研究』創刊号)という論文である。そこでは次のように述べられている。

虎哉が隻眼の政宗を教育したとき、コンプレックスの原因の隻眼をプラスに転化する必要を感じたであろう。このとき、禅では優れた者を「獨眼龍」とした例があり、さらに五代後唐の始祖李克用が黒の軍団を率いて敵を畏怖させ「獨眼龍」と呼ばれ、遂にはその子が皇帝になったこと、また彼はいわば夷狄である沙陀族出身であり、唐王朝の滅亡に際して忠誠を尽くそうとしたこと、さらにその根拠地は中原の北に位置した太原であったことなどを話し、かつ『十八史略』などを読んだものと思われる。

この山田勝芳氏の指摘のように、政宗が宗乙の話を聞いて隻眼のコンプレックスを克服していったことは確かだと思われる。また、右に引用したところにも出てくるように、政宗はこのあと、黒の具足で固めた軍団を率いているのである。中国の歴史を例にした宗乙の励ましが大きな意味を持ったはずである。そして、その背景には禅僧が持っている中国史の知識があった。事実、『十八史略』には、「独眼龍」の故事も、「黒の軍団」も出てくるので、『十八史略』だけでなく、宗乙から『史記』の手ほどきも受けていたのではないかと考えている。

　ところで、先にみた今川義元と太原崇孚、すなわち雪斎との関係のように、宗乙も、政宗の成人後には顧問のような形でブレーンの一人になっていたことが知られている。宗乙は、政宗に「民安国泰」あるいは「国泰民安」の四文字を言い続けていた。この四文字こそ、戦国武将として、常に心にとめておかなければならないことと考えていたからである。儒学のいう民政の安定そのものを常に忘れないように、政宗が成人してからも口すっぱく言い続けていたことが、宗乙の遺した漢詩文からうかがい知ることができる。

　まず一つは、政宗が関ケ原の戦い後、居城をそれまでの岩出山《いわでやま》（宮城県大崎市）から仙台に移した時、仙台城の前、広瀬川に架かる大橋を作ったが、その擬宝珠《ぎぼし》に、宗乙の作った漢詩が彫られている。

　　仙台橋
津梁大哉　直昇仙台　虚空背上
車馬往来　仙人橋下　河水千年
民安国泰　孰与尭天

このままでは意味が取りにくいので、読み下しにしてみると、次のようになろう。

津梁大なるかな。直に仙台に昇る。虚空背を上にして、車馬往来す。仙人は橋下、河水は千年。民を安んじ国を泰す。堯《ぎょう》天と孰《いずれ》か。

この詩で注目されるのは、やはり「民安国泰」の四文字である。これは、政宗が建立した松島瑞巌寺《ずいがんじ》の文王の間の扁額《へんがく》「松島方丈記」にある「国泰民安」とあるのと共通する。「松島方丈記」も宗乙の筆になるもので、宗乙が政宗に対し、常に「国泰民安」あるいは「民安国泰」を説いていたことを物語っているといえよう。宗乙が政宗の政治理念に大きな影響を与えていたことがうかがわれる。

しかも、この詩の最後にみえる「孰与堯天」の四文字は、中国史の知識がなければ理解することはできない。「堯」は、中国古代の伝説上の聖王で、舜と並んで理想的な帝王とされている人物である。政宗の仙台橋架橋を、この堯の治政に匹敵すると称えた内容ということになる。

虎哉宗乙筆「松島方丈記」（瑞巌寺所蔵）

なお、政宗が新しい城地とした仙台は、それまでは「千代」と書かれていた。千代を仙台に改めた背景に、『三体詩』の七言律詩の冒頭にみえる唐の韓翃《かんこう》の詩「同題仙遊観」の第一句「仙台初見五城楼」があったことはすでに指摘されているが、山田勝芳氏は前述の論文で、宗乙が政宗の詩文作成能力の涵養《かんよう》のために『三体詩』もテキストに使っていた可能性が高く、仙台の採用にあたって、宗乙の示唆があったのではないかとしている。禅僧の持つ漢文の知識、中国の故事が為政者にとってどれだけありがたいものだったかがわかる。

ところで、宗乙はそのまま一生、資福寺にいたわけではない。京都の妙心寺、美濃の瑞《ずい》龍《りょう》寺《じ》（岐阜市寺町）に入ったこともあり、天正十年（一五八二）には米沢の資福寺に戻っている。天正十三年、政宗の父輝宗が二本松城主畠山（二本松）義継《よしつぐ》の奸計によって非業の最期を遂げた時は、導師として輝宗の遺骸を荼毘《だび》に付しており、翌十四年に、政宗が輝宗の菩提を弔うために覚範寺《かくはんじ》を米沢に建立した際にはその開山となっている。

ちなみに、政宗の本拠は、このあと、米沢から岩出山、岩出山から仙台と移っているが、覚範寺も、米沢―岩出山―仙台と移り、宗乙がそのまま住持を務めているのである。宗乙が慶長十六年（一六一一）五月八日、八十二歳で歿した時には、政宗自身は江戸城西の丸の手伝い普請のために江戸にいたが、訃報を受け取るや否や、すぐ仙台に戻っている。そんなところにも、二人の密接な関係をうかがうことができる。

戦国軍師の鳥占い

軍師には大きく分けて、呪術者型軍師と参謀型軍師の二つがあり、前者は軍配を使って占ったりすることから軍配者型軍師などともよばれている。その一人が、武田信玄の軍師として有名な山本勘助である。

山本勘助の呪術についてくわしく記す『甲陽軍鑑』によると、勘助は、宮《きゅう》・商《しょう》・角《かく》・徴《ち》・羽《う》という「五音」の占いを行ったということと、「ゐぎ・さご・すだ、来りやう、行やう」を見たということが書かれている。

「五音」の占いは五行思想に基づくもので、「ゐぎ・さご・すだ」は、それぞれ、「ゐぎ」が烏《からす》、「さご」が鳶《とび》、「すだ」が鳩《はと》で、勘助は合戦のとき、これらの鳥の飛び方によって占っていたことがわかる。この三つの鳥は軍鳥などともよばれていた。

桶狭間の戦いの時、熱田社で戦勝祈願をした織田信長が、飛び立つ二羽の白鷺を見て、「神威のほど顕はれ奇瑞一方ならず」と全軍叱咤したこともこれと関係していよう。

二、どのような書物を読んでいたか

玉木吉保の「身自鏡」から

ここまで、上杉謙信・景勝、直江兼続、今川義元、徳川家康、伊達政宗といった戦国武将が幼年期・少年期に禅僧の薫陶を受けていたことをみてきたが、実際にどのような書物を読んでいたのかについては記されたものがなくわからない。そこで、上杉謙信らより身分的にはかなり下になるが、当時の武将子弟の読書遍歴がある程度わかる史料があるので、ここでみておきたい。その史料というのは「身自鏡《みのかがみ》」と題する玉木吉保《たまきよしやす》の自叙伝である。「身自鏡」の原本は現在も玉木家に襲蔵されているそうであるが、ここでは東京大学史料編纂所の影写本などを翻刻した、米原正義氏の校注になる『中国史料集』（第二期戦国史料叢書7）所収本を使用した。なお、「身自鏡」の読み方について、「みじかがみ」「みずからのかがみ」「みのかがみ」などいくつかの説があるが、米原説によって「みのかがみ」としたい。

さて、その「身自鏡」であるが、別名を「玉木土佐守覚書」ともいうように、玉木吉保の覚書であるが、単なる覚書というよりは自叙伝、要するに自分史といった方がよい。それは、冒頭部分で、吉保が「土佐が一世の事は、身自鏡と名付く。意は、身上に見へ来る事を、有の儘《まま》に書尽したれば、自からのかゞみと云意也。仍《よってこれ》惟を自讃而《して》、身自鏡と名付《づく》」と書いていることからも明らかである。

吉保は、「身自鏡」によると、天文二十一年（一五五二）七月八日に、毛利元就《もとなり》の家臣玉木忠吉の長男として生まれている。その吉保が元和三年（一六一七）、六十六歳の時に昔のことを思い出しながら書き綴った自叙伝なので、記憶違いもかなり含まれていると思われるが、元就・輝元《てるもと》・秀就《ひでなり》の毛利三代に仕えた一人の武士の履歴がくわしく追える史料として貴重である。しかも、文中、自分がいくつの時にどのような教育を受けたか、どのような本を読んだかにも論究しており、戦国を生きた中級武士の教養獲得の実態がわかるという点でも注目される史料である。

「身自鏡」では、吉保は十三歳で元服し、「為二学文一《がくもんのため》」、勝楽寺《しょうらくじ》という真言宗の寺に「登山」し、院主の権大僧都《ごんだいそうず》大阿闍梨《だいあじゃり》俊弘《しゅんこう》法師の教えを受けることになったとしている。十三歳での寺入りというのは、当時の習慣からしてもやや遅すぎるとの印象がある。何か事情があったのかもしれない。

二月九日に「登山」し、その日が吉日だというので、そこで「いろはの筆立」を教えられ、五日で習得し、仮名だけでなく、漢字も習い、「心経・観音経」を読まされている。吉保の場合、禅宗寺院ではなく、真言宗の寺院だったからである。注目されるのは次の一文である。

……朝食終れば、楊枝を遣《つかい》うがいして、髪を結ひ衣裳刷《つくろ》ひ、宗祇の短歌の如く身を耆（嗜）み、机を立《たて》墨を摺《すり》、終日迄手習して、日も夕陽に傾けば、清書して師匠の御目に懸るに、一心不乱に習たる時は、一段神妙なりと誉め、疎学不用之時は、杖を以て被レ打《うたれ》、追籠らる丶時も有、扨又《さてまた》、宵にも成ければ、蛍雪の光をか丶げて書を読、庭訓・式定（条）・童子教・実語教・其外往来分の物をば、十三の年読了《おわ》りけり。

ここに「庭訓《ていきん》」とあるのは「庭訓往来」のことで、「式定」は正しくは「式条」と書き、「貞永式目《じょうえいしきもく》」（御成敗式目）のことである。これらは、そのあとに出てくる「童子教《どうじきょう》」「実語《じつご》教《きょう》」とともに教科書として一般的に使われ、よく読まれていたものである。「いろは」を習い始めてわずか一年で「庭訓往来」などまで進むというのは驚きである。

その後の読書遍歴を、ざっと追っておこう。十四歳で『論語』をはじめとする「四書五経」、それに『六韜《りくとう》』『三略《さんりゃく》』を読んでいる。「四書五経」というのは、『大学《だいがく》』『中庸《ちゅうよう》』『論語』『孟子《もうし》』の四書と、『易経《えききょう》』『詩経《しきょう》』『書経《しょきょう》』『春秋《しゅんじゅう》』『礼記《らいき》』の五経のことであるが、全部習得したということではなく、一部、要するに、さわりの部分を学んだということではないかと思われる。

それは、兵法書である『六韜』『三略』についても同じで、『六韜』『三略』の主要部分だけであろう。ただ、『論語』などと並び、こうした兵法書を学習していたことは、時代の要請とはいえ、いかにも智将毛利元就の家臣らしい一面をかいまみせているといってよい。なお、十四歳の時、『和漢朗詠集《わかんろうえいしゅう》』(平安中期に成立。朗詠に適する名句・名歌約八百首を四季題材ごとに収録)も読んでいる。

十五歳になると、「読物には、古今・万葉・伊勢物語・源氏一部・八代集・九代集、其外歌書の口尺《(講釈)》を聞、和歌の道を学び、人丸《(麻呂)》・赤人の跡を尋、定家・家隆の流を知る」とあるように、一転して歌集・物語が中心の読書となる。「八代集《はちだいしゅう》」というのは、『古今集《こきんしゅう》』

『後撰集《ごせんしゅう》』『拾遺集《しゅういしゅう》』『後拾遺集《ごしゅういしゅう》』『金葉集《きんようしゅう》』『詞花集《しいかしゅう》』『千載集《せんざいしゅう》』『新古今集《しんこきんしゅう》』の八種の歌集のことで、「九代集」は、それに『新勅撰集《しんちょくせんしゅう》』を加えたものである。武将たちが、なぜ歌集や、『源氏物語』『伊勢物語』といった王朝古典文学を読んだのかについては、あとでくわしくみることとするが、吉保は十五歳でこれらを読んでいたことがわかる。

玉木吉保は十六歳で「下山」している。勝楽寺で学んだのは十三歳から十五歳までの三年間ということになる。

「庭訓往来」の世界

江戸時代の寺子屋の教科書として知られる「庭訓往来」は、戦国時代、武将子弟の教科書でもあった。前述したように、玉木吉保は十三歳でこれを学んでいるし、武田信玄も「庭訓往来」を読んでいたことは有名である。

越前の戦国大名朝倉氏の一族朝倉貞景《さだかげ》の妻の要請で、京都の公家三条西実隆《さんじょうにしさねたか》が「庭訓往来」を書写した可能性もあるという（米原正義『戦国武士と文芸の研究』）。なお、朝倉氏の本拠地である一乗谷《いちじょうだに》（福井市）の朝倉氏遺跡からは「庭訓往来」の焼け焦げた断簡《だんかん》も出土しており、広く流布していたことがわかる。あとで触れる『論語』などと並び、武将子弟の一番ポピュラーな教科書といってよいかもしれない。

では、「庭訓往来」とはどのような本なのだろうか。端的な解説文を紹介しておこう。『角川新版日本史辞典』には、

ていきんおうらい　庭訓往来　往来物の一種。作者は玄慧《げんえ》とされるが不詳。南北朝期の成立。往返2通の手紙を1年各月に配したものなど、計25通の書状からなる。書式の模範を示すことに加え、社会生活に必要な単語を修得させることを目的としている。すでに中世から写本として普及し、江戸時代以降は寺子屋や家庭教育のテキストとして広く流布した。

とある。なお、往来物の「往来」というのは、書簡往来のことで、実際の書簡を手習いの手本にしたことに始まり、そこに出てくる語彙《ごい》を学んだり、練習文案を学ぶことで、社会生活上の規範を修得できる仕掛けとなっていた。

武士階級だけでなく、庶民の間にも広まり、書くこと、読むこと、綴ることの三つを同時に学ぶことができるということで、広く普及することになった。しかも、武将に関していえば、武将として身につけておかなければならない教養、社会常識が含まれており、社

会生活上の礼儀・礼法にまで及んでいたことで、不可欠な教科書として広く読まれるようになったのである。
一月から十二月まで、各月往復の二通の書簡で二十四通、それに八月十二日状（写本によっては十三日）の一通、合計二十五通からなる。ここで、石川謙・石川松太郎編『日本教科書大系』第三巻　古往来㈢（講談社）によって、どのような題材が取り上げられているかを整理してみよう。

正月状
往　年賀の辞、子の日の遊、射御の会遊
復　年賀の辞、射御の会遊への参加承諾

二月状
往　御無沙汰の詫び、花見への誘い、連歌・和歌・詩・連句の楽しみ
復　音信を受けた喜び、花見の宴への期待、連歌・和歌・詩・連句の席へ

三月状
往　貴家の繁栄を賀す辞、領地の仕置、勧農と館造営
復　申し越しの旨を了承、領地仕置の状況、作事の事、その他果樹

四月状
往　御無沙汰の詫び、領地の殷盛と為政の心得、市町の経営と商人・職人・百工・文人の招致
復　商取引の施設と商品、領地の富裕と繁栄
五月状
往　御無沙汰の詫び、関東下向の大名・高家を饗応するため家財道具借用方申し入れ
復　申し入れ了承の返事、家具・調度品の品目
六月状
往　挨拶の言葉、盗賊討伐への出陣、武具・乗馬の借用申し入れ
復　出陣についての命令了承、武具・太刀・馬具の名、出陣についての心得
七月状
往　直接に上書する詫び、衣裳借用の申し入れ
復　返事の言葉、申し入れの衣裳のほかに諸道具・諸器貸与の返事
八月状
往　御無沙汰の詫び、司法制度と訴訟手続きについての質問

復　返事の言葉、問注所・侍所の組織など司法制度への回答
九月状
往　御無沙汰の詫び、大法会に寄せて伽藍・仏像・法会の式次第
復　大法会につき準備事項を列記、種々の役僧・伶人・舞童、諸道具
十月状
往　大斎の行事に寄せて点心・寺家・諸役・僧位僧官の名称を列記
復　大斎の布施物、点心用の食品・茶子・汁・菜等の食品の名を列記
十一月状
往　病気の種類と治療法
復　名医・良薬を求める必要、禁忌（病気予防・健康保持の方法）の事
十二月状
往　御無沙汰の詫び、地方行政の制度
復　御無沙汰の詫び、着任の模様、地方行政仕置の模様

このように、往復書簡の形をとりながら、手紙の書き方だけでなく、社会生活をする上で必要な知識を学ぶ形となり、内容的にも実に多岐にわたっている。庶民もこれで学んだ

とはいえ、やはり、対象は武士階級が主だったことは内容からも明らかである。たとえば、三月状の往書に、領地の仕置と勧農のことが出ているが、領地の仕置のところは、

抑御領入部无二相違一之條、先以神妙之由御感候也、就レ之四至牓爾境聊不レ可レ被レ混乱他所ニ、被レ致二精廉沙汰一之奉公之忠勤也。

となっていて、かなり難しい。勧農についてはさらに難しい漢文である。

兼テ相シ二水旱之年ヲ一、須ク下計ツテ二迪迫之地ヲ一被上レ致二所務ヲ一、有ラハ下可二開作ス一之地上者、招キ二居農人一、令レ開二発之一。

返り点、一、二点だけでなく、上下点をつけなければならない漢文も、この頃の子どもたちは読んでいたわけで、その教育水準の高さは驚きである。

「実語教」と「童子教」

以上みてきたように、「庭訓往来」は初等教育の教科書というにはやや高度な印象を受ける。それに対し、「実語教《じつごきょう》」および「童子教《どうじきょう》」は同じように漢文で書かれていながら、

そう難しい文章ではなく、何度か読む内に暗誦できる内容である。特に「実語教」は「童子教」にくらべて項目も少なく、実際、全文を丸暗記した子どもも多かったのではないかと思われる。

「実語教」の作者を弘法大師空海とする説もあったが、現在では否定されている。酒井憲二氏は『実語教　童子教――研究と影印』（三省堂）の中で空海説を批判し、さらに次のように述べている。

なお、作者について一言つけ加えるならば、真言密教の空海の系統よりも、法華経中心の宗派である天台宗の学僧の手になった可能性の方が強いのではなかろうか。既述のごとく、書名の「実語」が法華経中の語句であること、また平家物語の「実語教」も山門の大衆に対する奈良法師の嘲笑・揶揄に出ることなどは右の推定を助けるように思われる。もっとも、大乗経典の中で法華経ほどわが国において尊重されてきた経典はないであろうし、「法華会」は聖徳太子が岡本宮で講説された推古天皇十四年（六〇六）から記録がある位であるから如何とも言いがたいが、天台法華宗ともいわれる伝教大師最澄の法脈は、殊の外、実語教を生む母胎として相応しかるべく思われてくる。

ともあれ実語教は、仏道修学の入門者の為に平安朝期に撰作されたものと目されるが、鎌倉室町期へかけては童子教をも伴って武家社会の子弟を初め漸次学問を志す者一般に行われ始め、殊に寺子屋教育の普及した江戸時代においては、広義の往来物の中でも中核的な初歩教材として広く山間僻地の庶民の子女にも及んで、明治の新学制に到ったものと思われる。

また、酒井憲二氏は、同書で、「童子教」の現存最古の写本は永和三年(一三七七)とし、「実語教」「童子教」揃っての最古の写本は文明十一年(一四七九)としている。

そこで次に、「実語教」と「童子教」の内容についてみておきたい。「実語教」は項目数が少ないので、酒井憲二氏の『実語教　童子教――研究と影印』に紹介されている東洋文庫所蔵の明応六年(一四九七)写本を全文引用しておこう。

1　山高故不貴　以有樹為貴
(山高きが故に貴からず　樹有るを以て貴しとす)

2　人肥故不貴　以有智為貴
(人肥えたるが故に貴からず　智有るを以て貴しとす)

3　富是一生財　身滅則共滅

4
（富《とみ》は是《こ》れ一生の財《たから》　身滅すれば則ち共に滅す）
智是万代宝　命終則随行
（智は是れ万代の宝　命終れば則ち随って行く）

5
玉不磨無光　無光為石瓦
（玉磨かざれば光無し　光無きをば石瓦《かはら》とす）

6
人不学無智　無智為愚人
（人学せざれば智無し　智無きをば愚人とす）

7
倉内財有朽　身中才無朽
（倉の内の財は朽つること有り　身の中《うち》の才は朽つること無し）

8
雖積千両金　不如一日学
（千両の金を積むと雖《いへど》も　一日の学には如《し》かず）

9
兄弟常不合　慈悲為兄弟
（兄弟《けいてい》常に合はず　慈悲を兄弟とす）

10
財物永不存　才智為財物
（財物は永く存せず　才智を財物とす）

11　四大日日衰　心神夜夜闇

（四大日日に衰へ　心神夜夜に闇《くら》し）

12　幼時不勤学　老後雖励悔

（幼《いと》けなき時勤め学せざれば　老いて後励み悔ゆと雖も）

13　猶無有所益　日暮同急路

（猶《なほ》し所益有ること無し　日暮れて路を急ぐに同じ）

14　故読書勿倦　学文勿怠時

（故《かるがゆゑ》に書を読んで倦《う》むこと勿《なか》れ　学文に怠る時勿れ）

15　除眠通夜誦　忍飢終日習

（眠りを除いて通夜《よもすがら》に誦《じゅ》せよ　飢ゑを忍びて終日《ひめもす》に習へ）

16　雖会師不学　徒如向市人

（師に会ふと雖も学せざれば　徒《いたずら》に市人《いちびと》に向かふが如し）

17　雖習読不復　只如計隣財

（習ひ読むと雖も復せざれば　只《ただ》隣の財《たから》を計《かぞ》ふるが如し）

18　君子愛智者　少人愛福人

（君子は智者を愛す　少人は福人を愛す）

19　雖入富貴家　為無才人者

（富貴《ふっき》の家に入ると雖も　才無き人の為には）

20　猶如霜下花　雖出貧賤門

（猶《なほし》霜の下の花の如し　貧賤の門《かど》を出づと雖も）

21　為有智人者　宛如泥中蓮

（智有る人の為には　宛《あたか》も泥中の蓮《はちす》の如し）

22　父母如天地　師君如日月

（父母は天地の如し　師君は日月の如し）

23　親族譬如葦　夫妻猶如瓦

（親族は譬《たと》へば葦《あし》の如し　夫妻は猶《なほし》瓦の如し）

24　父母孝朝夕　師君仕昼夜

（父母には朝夕に孝せよ　師君には昼夜に仕へよ）

25　交友勿諍事　昵人勿離事

（友に交はっては諍《あらそ》ふ事勿れ　人に昵《むつ》びては離るる事勿れ）

26　己兄尽礼敬　己弟致愛顧

（己より兄には礼敬を尽くせ　己より弟には愛顧を致せ）

27　人而無智者　不異於木石

（人として智無きは　木石に異ならず）

28　人而無孝者　不異於畜生

（人として孝無きは　畜生に異ならず）

29　不交三学友　何遊七覚林

（三学の友に交はらずんば　何ぞ七覚の林に遊ばん）

30　不乗四等船　誰渡八苦海

（四等の船に乗らずんば　誰か八苦の海を渡らん）

31　八正道雖広　十悪人不往

（八正の道広しと雖も　十悪の人往《ゆ》かず）

32　無為都雖楽　放逸輩不遊

（無為の都楽しと雖も　放逸の輩《ともがら》遊ばず）

33　敬老如父母　愛幼如子弟

（老いたるを敬ふことは父母の如くせよ　幼《いと》けなきを愛することは子弟の如くせよ）

34　我敬於他人　他人亦敬我

（我《われ》他人を敬へば　他人亦我を敬ふ）

35　我敬於人親　人又敬我親

（我人の親を敬へば　人又我親を敬ふ）

36　欲達己身者　先令達他人

（己が身を達せんと欲《ほっ》せば　先づ他人を達せしめよ）

37　聞他人之喜　則自共悦之

（他人の喜びを聞いては　則ち自ら共に之《これ》を悦べ）

38　見他人之愁　則自共患之

（他人の愁へを見ては　則ち自ら共に之を患《うれ》へよ）

39　見悪者忽退　見善者速行

（悪を見ては忽ちに退け　善を見ては速やかに行へ）

40　修善人蒙福　譬如応響音

（善を修《しゅう》する人は福《さいはひ》を蒙《かうむ》る　譬へば響きの音《こゑ》に応《いよう》するが如し）

41 好悪者招禍　宛如随身影
（悪を好む者は禍《わざはひ》を招く　宛も身に随ふ影の如し）

42 雖富勿忘貧　雖貴莫侮賤
（富めりと雖《いふ》とも貧しきを忘るること勿れ　貴しと雖ふとも賤《いや》しきを侮《あなづ》ること莫《なか》れ）

43 或始富終貧　或先貴後賤
（或《あるひ》は始め富んで終り貧し　或は先づ貴くして後に賤し）

44 夫難習易忘　音声之浮才
（夫《そ》れ習ひ難くして忘れ易きは　音声《おんじやう》の浮才）

45 又易習難忘　書筆之博藝
（又習ひ易くして忘れ難きは　書筆の博藝）

46 但有法有食　又有身有命
（但《ただ》法有れば食《じき》有り　又身有れば命《めい》有り）

47 猶不忘農業　必莫廃学文
（猶《なほし》農業を忘れざれ　必ず学文を廃すること莫れ）

48 故末代学者　先可案此書

49　是学文始也　終身勿忘失
（是れ学文の始めなり　身終ふるまで忘失すること勿れ）
（故《かるがゆゑ》に末代の学者　先づ此の書を案ずべし）

全文、これといった脈略はないが、6の「人不学無智　無智為愚人」や、8の「雖積千両金　不如一日学」、さらに17の「雖習読不復　只如計隣財」からもうかがえるように、学ぶ姿勢の大切さを強調している点には注目してよい。

さて、もう一つの「童子教」であるが、これは項目数が一六四にも及ぶので、全文は引用しない。同じく東洋文庫所蔵の明応六年写本からいくつかピックアップしておきたい。

22　口是禍之門　舌是禍之根
（口は是れ禍《わざわい》の門　舌は是れ禍の根）

24　過言一出者　駟追不反舌
（過言一《ひとたび》出でぬれば　駟《し》追へども舌に反らず）

28　夫積善之家　必有余慶矣
（夫れ積善《しゃくぜん》の家には　必ず余慶《よけい》有り）

30　人而有隠徳　必有陽報矣

（人として隠徳有れば　必ず陽報有り）

36　前車之見覆　後車之為誡
（前車の覆《くつがえ》るを見ては　後車の誡《いまし》めとす）

41　君子不挙人　則民作怨矣
（君子人を挙《こ》せざれば　則ち民怨《あだ》を作《な》す）

43　入郷而随郷　入俗而随俗
（郷に入っては郷に従へ　俗に入っては俗に随へ）

50　生而无貴者　修習成智徳
（生まれながらにして貴き者无《な》し　修習して智徳と成る）

66　一日習一字　三百六十字
（一日に一字習へば　三百六十字）

94　又削弓作矢　腰常挿文書
（又弓を削り矢を作《は》ぐとも　腰には常に文書を挿《さしはさ》め）

137　寿命如蜉蝣　朝生而夕死
（寿命は蜉蝣《ふゆう》の如し　朝《あした》に生まれて夕《ゆうべ》に死す）

155　慈悲施一人　功徳如大地
（慈悲を一人《いちにん》に施せば　功徳大地の如し）

全文この調子であるが、中には、「人者死留名　虎者死留皮」（人は死して名を留む　虎は死して皮を留む）などといった広く人口に膾炙《かいしゃ》しているような名文もあり、子どもたちにもスッと入っていったのではないかと思われる。いかにも仏教者が作ったものらしく、仏教的な教訓が散りばめられている感じであるが、これと、次に述べる「四書・五経」での儒教的世界観とがあいまって、子どもたちは、「人としていかに生きるべきか」をつかんでいくことになる。

必読書だった「四書」「五経」

「四書」は四八頁でみたように『大学』『中庸』『論語』『孟子』のことで、宋《そう》の時代に朱子《しゅし》がこの四つの注釈書を著わし、「四書」と呼ばれるようになった。この内、『大学』と『中庸』は、やはり宋の時代に『礼記《らいき》』から取り出され、独立した書物となったもので、『論語』は、孔子の歿後、門弟たちが、孔子と門弟のやりとり、門弟同士の問答、孔子の性行などを集録したものである。『孟子』は、孟子が孔子の教えと、孟子自身と門弟たちとの問答などをまとめたもので、「四書」は中等教育レベルとされている。

これに対し、「五経」は上級レベルとされ、『易経』『書経』『詩経』『礼記』と『春秋』(『春秋《しゅんじゅう》左氏伝《さしでん》』)で、これに『孝経』を加えて「六経《りっけい》」とすることもある。なお、古くは『孝経』ではなく『楽経《がっけい》』を入れて「六経」とすることもあったが、『楽経』は秦《しん》の時代に失われているので含まないのがふつうである(菅原正子『占いと中世人』)。

この「四書」「五経」で一番読まれたのは何といっても『論語』で、武将たちが京都から学者を招いて、小姓たちに『論語』を講義してもらったり、『論語』を抄録した「論語抄」を書写して家臣に与えたりしている例のあったことも知られている。また、武将亡きあとの法語で、亡くなった武将が日頃『論語』を読んでいたことがわかるケースもあり、広く読まれていたことがわかる。

なお、「四書」「五経」には含まれないが、「三註」というものがあり、これも初等・中等レベルの教科書のように使われていた。具体的には、『蒙求《もうぎゅう》』『胡曾詩《こそうし》』『千字文《せんじもん》』三書の注釈書のことをいう。『蒙求』は李瀚《りかん》の撰で、古人の名とその人物の特質を二字ずつの四字句にしたもの、『胡曾詩』は唐の胡曾の詩、『千字文』は梁《りょう》の周興嗣《しゅうこうし》の撰で、漢字千字を使い、四言古詩にしたもので、それぞれの注釈書が「三註」というわけである。中でも『千字文』は漢字を覚えたり、習字の教科書として使われたりもしており、修得する子どもは多かった。

「貞永式目」が読まれたのはなぜか

前述した玉木吉保が十三歳の時、「庭訓往来」「実語教」「童子教」とともに「式条」を学んだことをみたが、「式条」すなわち「貞永式目《じょうえいしきもく》」も武将子弟の必読文献であった。「貞永式目」は、正しくは「御成敗式目」で、北条泰時《やすとき》を中心に、数名の評定衆が編集し、貞永元年（一二三二）に制定したものである。制定した年次から「貞永式目」と呼ばれている。全部で五十一ヵ条からなり、全文漢文である。たとえば、一条目を句読点なし、返り点なしで原文のまま引用すると次のようになる。

一可修理神社専祭祀事

右神者依人之敬増威人者依神之徳添運然則恒例之祭祀不致陵夷如在之礼奠勿令怠慢因茲於関東御分国々并庄園者地頭神主等各存其趣可致精誠也兼又至有封社者任

代々符小破之時且加修理若及大破言上子細随于其左右可有其沙汰矣

これを「いろは」を習ったばかりの玉木吉保が読めたとは、とても思えない。「式条」といっても「貞永式目」の原文ではなく、仮名書きになったものではないかと思われる。実は、仮名書きにした「御成敗式目仮名抄」というのも流布していたのである。佐藤進一・池内義資編『中世法制史料集』第一巻　鎌倉幕府法（岩波書店）に収録されている「御成敗式目仮名抄」によると、ここに引用した第一条は次のようになっている。

一神社《じんじゃ》を修理《しゅり》し祭祀《さいし》を専《もはら》にすべき事《こと》

右神《みぎしん》は人《ひと》の敬《うやまふ》によて威《い》をまし、人《ひと》ハ神《しん》の徳《とく》によて運《うん》をそふ、しかれはすなはち恒《こう》例《れい》の祭祀《さいし》陵夷《れうい》をいたさす、如在《じょざい》の礼典怠慢《れいてんたいまん》せしむることなかれ、これによて関東《くわんとう》の御分《ごふん》の国《くに》々幷《ならひ》に庄園《しやうゑん》においては、地頭神主等《ぢとうかんぬしら》各《おの〱》そのおもむきを存《そん》し、精誠《せいぜい》をいたすへきなり、兼又有封《かねてまたうふ》の社《やしろ》に至《いたり》ては代《たい》々の符《ふ》にまかせ、小破《せうは》のとき且修理《かつしゅり》をくはへ、若大破《もしたいは》に及《およひ》子細《しさい》を言上《こんしょう》せは、其左右《そのさう》に随《したがい》てそのさたあるへし、

このように、漢字すべてにふりがながが振られているので、平仮名しか読めなくても何とか読むことができるわけである。内容を学ぶというよりは、ふりがなが振ってある字を読むことで漢字を覚えていったのかもしれない。

もちろん、「御成敗式目」五十一ヵ条は、「謀反人の事」（第九条）、「悪口の咎の事」（第十二条）、「謀書の罪科の事」（第十五条）、「虚言を構へ讒訴を致事」（第二十八条）など、法令上の規範とともに、武士として守るべき生活規範なども書かれているので、これらを読むことによって、武士社会の規範を学びとることにもなったはずである。次に、武士として守るべき生活規範に関わる条文を二つほど紹介しておきたい。一つは、第三十二条である。

一 盗賊悪党《たうぞくあくたう》を所領内《しよりやうない》にかくし置事《をくこと》

右件《みぎくたん》のともから風聞《ふぶん》ありといへとも、露顕《ろけん》せさるによて断罪《だんさい》にあたはす、炳誡《へんかい》をくはへず、しかるを国人等《こくにんら》これを差申處《さしまうすところ》に召上《めしのほ》する時《とき》は、その国無為《くにぶい》なり、在国《さいこく》の時《とき》はそのくに狼藉也云々《らうせきなりうん〳〵》、仍縁辺《よてゑんへん》の凶賊《けうぞく》においては、證跡《せうせき》に付《つき》て召禁《めしいましむ》へし、又《また》地頭等賊徒《ちとうらぞくと》を隠《かく》し置《をか》むに至《いたり》ては同罪《とうさい》たるへきなり、先嫌疑《まつけんぎ》の趣《おもむき》に就《つき》て地頭《ちとう》を鎌倉《かまくら》に召置《めしをき》かの国落居《くにらつきよ》せさらんあひたは、身《み》の暇《いとま》をたぶへからず、次《つき》に守護使入部《しゅごしにうぶ》を停止《ちやうし》せらるゝ所々《ところ〳〵》の事《こと》、おなしく悪党出来《あくたういてきた》らん時《とき》は、不日《ふしつ》に守護所《しゅこしよ》に召渡《めしわた》すへきなり、若抱惜《もしかゝへおしまん》にをいては、且《かつ》は守護使《しゅごし》を入部《にうふ》せしめ、且《かつ》は地頭代《ちとうたい》をあらため補《ふ》せらるへき也《なり》、若又代官《もしまたたいくわん》を改《あらため》すは地頭職《ちとうしき》を没収《もっしゅ》せられ、守護使《しゅこし》を入《いれ》らるへし、

所領内に盗賊・悪党などがいた場合の領主が採るべき方策について指示したものである。

ふりがなは「御成敗式目仮名抄」によっているが、同じ守護使でも、「しゆごし」と濁点をつけているところと「しゆこし」というようにつけていないところがあり、基準が何だったかわかりにくい部分もある。また、風聞「ふふん」とふりがなを振っていることから、当時はこの字を「ふうぶん」とは読まず、「ふぶん」といっていたことがわかり、その意味でも、これは、中世の読み方を知る上で貴重である。没収も「ぼっしゅう」ではなく「もっしゅ」だったらしい。

もう一つは第三十四条である。

一他人《たにん》の妻《め》を密懐《ひつくわい》する罪科《さいくわ》の事《こと》

右強姧和姧《みきかうけんわけん》を論《ろん》ぜず、人《ひと》の妻《め》を懐抱《くわいほう》するともから、所領半分《しょりょうはんふん》をめされ出仕《しゅっし》をやめらるへし、所帯《しょたい》なくは遠流《おんる》に處《しょ》すへきなり、女《をんな》の所領《しょりょう》おなしくこれをめさるへし、所領《しょりょう》なくは又《また》これを配流《はいる》せらるへき也《なり》、次《つき》に道路《たうろ》の辻《つし》にをいて女《をんな》を捕《とら》ふる事《こと》、御《こ》家人《けにん》にをいては百箇日《ひゃくかにち》のあひた出仕《しゅっし》をとゝむへし、郎従已下《らうしゅういか》に至《いたり》ては、右大将家《うたいしゃうけ》の御時《おんとき》の例《れい》に任《まかせ》て、かたかたの鬢髪《ひんはつ》を剃除《たいちょ》すへきなり、但法師《たゝしほうし》の罪科《さいくわ》にをいてはその時《とき》に当《あたり》て斟酌《しんしゃく》せらるへし、

武家密懐法といわれる条文で、強姧・和姧は強姦・和姦と同じである。このように全文

五十一ヵ条からなるわけであるが、十二歳、十三歳くらいの子どもたちが全文を理解できたかどうかはわからない。中には、所領の売買に関する規定、百姓逃散《ちょうさん》の時の規定など、どちらかといえば非日常的な特異な部分も含まれているので、そのような部分は飛ばしていったのではないかと思われる。ただ、この「貞永式目」の写本はかなり残存しているので、多くの人に読まれ、教科書的な扱い方をされていたことは間違いない。

桶狭間の戦いと情報

戦国時代、合戦が終わると必ず論功行賞があった。永禄三年(一五六〇)五月十九日の桶狭間の戦いの時も、翌二十日、信長の居城清須《きよす》城で論功行賞の場がもたれている。

十九日当日の戦いで、服部小平太が今川義元に槍をつけ、毛利新助が義元の首を取ったことは皆知っているので、「一番手柄は二人の内どっちかだろう」とみられていた。ところが、信長が一番手柄として指名したのは、簗田《やなだ》出羽守《でわのかみ》政綱《まさつな》という武士だった。論功行賞の場は、意外な指名に一瞬どよめいたのではないかと思われる。

というのも、この政綱は、合戦当日、全く目立った働きをしていなかったからである。密かに今川軍の動静を探り、その情報を信長に届け、信長は、この政綱情報から、「お昼頃、桶狭間山に奇襲をかけ、義元の輿のあるところを集中的に攻めろ」という命令が出せたのである。武功より情報が高く評価された論功行賞であった。

三、実戦に応用された「武経七書」

「武経七書」とは

「四書」「五経」とともに、戦国武将の子弟たちがよく読んでいたものに「武経七書《ぶけいしちしょ》」がある。いわゆる兵法書であり、単に兵書といわれることもある。知識として学んだだけでなく、大人になって、つまり、自らが軍勢を率いるようになってから、実際の戦いに応用されるということも少なくなかった。

では、その「武経七書」とはどのようなものだったのだろうか。名前の通り、七書からなるが、『孫子《そんし》』『呉子《ごし》』『尉繚子《うつりょうし》』『司馬法《しばほう》』『六韜《りくとう》』『三略《さんりゃく》』と『李衛公問対《りえいこうもんたい》』である。

いずれも成立時期は古く、中国の戦国時代（BC四五三～BC二二一）から漢代（BC二〇六

～二二〇）までにほとんど完成したといわれ、『李衛公問対』だけが新しく、唐代（六一八～九〇七）に著わされたという。まず、七書それぞれの概要をみておこう。

『孫子』は「最古の兵法書」といわれるように成立は古く、中国の春秋時代（BC七七〇～BC四五三）の末期に、呉《ご》（BC五八五頃～BC四七三）の王闔閭《こうりょ》に将軍として仕えた孫武《そんぶ》の言説を中心にまとめられたものである。「計」「作戦」「謀攻」「形」「勢」「虚実」「軍争」「九変」「行軍」「地形」「九地」「火攻」「用間」の計十三篇で構成されている。

もっとも現在では、これらすべてが孫武一人によって著わされたものとは受けとめられていない。門人の一人で、孫武の後裔といわれる孫臏《そんぴん》の加筆があったと捉えられている。そのため、人によっては、『孫子』は孫武と孫臏の共著とする場合もある。孫臏だけでなく、孫子の門弟たちによる言説も加えられたものと考えられる。

ちなみに『孫子』は、日本人軍師第一号などといわれる吉備真備《きびのまきび》が留学中の唐で『孫子』を学び、日本に伝えたといわれているので、「武経七書」の中では最も早くわが国に伝来したといえる。

『呉子』は中国の戦国時代の成立で、魏《ぎ》（BC四五三～BC二二五）の将軍呉起《ごき》の言説をまとめた兵法書といわれている。本来は四十八篇もあったというが、現在に伝わるのは「図《と》国《こく》」「料敵《りょうてき》」「治兵《ちへい》」「論将《ろんしょう》」「応変《おうへん》」「励士《れいし》」の六篇である。四十八篇が六篇になった理由は明らかではない。

『孫子』が集団としての軍隊をいかに効率よく動かすかに力点が置かれているのに対し、『呉子』はどちらかといえば、将・兵一人ひとりの心構えに重きを置いている。たとえば、『呉子』治兵篇に、「兵を用いるの害は、猶予、最大なり」という言葉がある。現代語訳すると、「戦いで命取りになるのは、将軍の優柔不断である」ということになる。また、有名なフレーズである「死を必すればすなわち生き、生を幸《こいねが》えばすなわち死す」も『呉子』治兵篇である。改めて現代語訳をする必要はないかもしれないが、「死を覚悟すれば生き、生に執着すれば死ぬ」という意味で、わが国の戦国武将たちの死生観に少なからぬ影響を与えている。

『呉子』応変篇に「衆を用うるは易《い》を務め、少を用うるは隘《あい》を務む」とあり、これは「自軍が多勢ならば平坦な地を、少勢なら狭隘な地に布陣する」という意味で、これなどは何人かの戦国武将によって実戦に応用されている。その実際についてはあとで触れる。

『尉繚子』は、魏（BC四五三〜BC二二五）の恵王《けいおう》の問いに対し、尉繚が答えるという体裁を取っているが、尉繚の事績ははっきりしていない。『史記』には秦《しん》の始皇帝に仕えたとしており、その点から小和田泰経は、『兵法――勝ち残るための戦略と戦術』（新紀元社）の中で、恵王と対話したというのは公孫鞅《こうそんおう》のことで、尉繚は、公孫鞅の兵法を身につけ、秦王政に仕えた兵法家だった可能性を指摘している。

なお、『尉繚子』は「天官」から「兵令下」まで二十四篇で構成されているが、古くは三十一篇から成っていたらしく、七篇が散佚《さんいつ》したと考えられている。『尉繚子』で一番有名なフレーズは戦威《せんい》篇の「天の時は地の利にしかず、地の利は人の和にしかず」であろう。これは、「戦機がよくても地の利を得られなければ勝てないし、地の利があっても兵が統制されていなければ勝てない」という意味で、わが国では、「天の時、地の利、人の和」、すなわち「天地人」として広く知られるようになった。

『司馬法』は、戦国時代、斉《せい》（BC三八六～BC二二一）の威王《いおう》（在位BC三五六～BC三二〇）が、軍事を司る官職である司馬に伝わる兵法に、景公《けいこう》（在位BC五四八～BC四九〇）を補佐した田穰苴《でんじょうしょ》の兵法を加えて編纂させたものといわれている。しかし、田穰苴の兵法が存在したかどうかは疑問とされており、小和田泰経は前掲書で「もともと斉は、殷周《いんしゅう》交替の際、周（BC一〇四六～BC二五六）の武王（在位BC一〇四六～BC一〇四三）に仕えた呂尚《りょしょう》が封じられた国であったが、戦国時代になって、臣下の田氏《でん》によって斉の王位は簒奪されていた。威王は田氏の出身であり、先祖にあたる田穰苴をもちあげるため、田穰苴の兵法なるものを創作した可能性が高い」と指摘しており、首肯できる結論である。

天子之義篇・仁本《じんほん》篇・定爵《ていしゃく》篇・厳位《げんい》篇・用衆《ようしゅう》篇などから成るが、天子之義篇の「礼をもって固めとなし、仁をもって勝となす」、つまり「兵士を礼によって一つにまとめ、仁愛を施して勝利を得る」といった儒家の思想に近い言葉が入っているのが特徴である。

さて、次がわが国の戦国時代、『孫子』とともによく読まれた『六韜』である。『六韜』の「韜」というのは弓や剣をしまう袋のことで、秘訣《ひけつ》の意味である。文韜・武韜・龍韜・虎韜・豹韜・犬韜という六部六十篇から成る。

『六韜』では、周《しゅう》の武王《ぶおう》とその父文王《ぶんおう》が、太公望呂尚《たいこうぼうりょしょう》に兵法を問い、呂尚がそれに答える形を取っている。そのため「太公兵書」などという別名もあるが、周の時代のものとは思えず、のちの時代、後漢《ごかん》の頃に、呂尚に仮託して書かれたものとされ、現在では編者不詳としている。

『六韜』の名言としてよく知られるのは「天下は一人の天下にあらず、すなわち天下の天下なり」であり、また、「賞を用うるには信を貴び、罰を用うるには必を貴ぶ」も、信賞必罰の言葉として有名である。この意味するところは、「賞は、約束を守って必ず与え、罰は、法に従って必ず与える」となる。

『三略』も『六韜』とともによく読まれ、「六韜三略」と併記されることが多い。これも周の時代、黄石公《こうせきこう》という仙人から太公望呂尚が「太公兵法」を授かったとされ、「黄石公三略」などといわれることもあるが、書かれている内容から、周の時代ではなく、やはり戦国時代以降に書かれたものだということが明らかである。現在では、漢の滅亡後、隋《ずい》が建国されるまでの六朝《りくちょう》時代（二二二〜五八九）に書かれたものではないかとされている。

『三略』はその書名の通り、「上略」「中略」「下略」の三部構成で、「上略」は主に人材の登用および活用について述べられ、「中略」は策略の必要性、さらには統制術が述べられ、「下略」では政治のあり方、臣下の使い方が述べられている。こうした内容から、単なる兵法書というだけでなく、君主のための政治論書といった意味あいもあり、わが国の戦国武将によく読まれていたようである。

為政者の心得という点でみると、たとえば「下略」に、「身を楽しましむる者は、久しからずして亡ぶ」という言葉がある。これは、「君主が自分だけ楽しんでいれば、国を滅ぼす」の意味で、また「上略」には、「恩を蓄えて倦《う》まざれば、一をもって万をとる」という言葉もある。「将軍が兵士に恩恵を施せば、万人の兵の心をつかむことができる」というわけで、リーダーとしてのあり方を端的に示しているといえる。

さて、「武経七書」の最後が『李衛公問対』である。問対というのは問答のことで、唐（六一八〜九〇七）の太宗《たいそう》（在位六二七〜六四九）の問いに、将軍李靖《りせい》が答えるという形を取っている。李靖が李衛公と呼ばれるのは、のちに衛公に封じられたからである。

もっとも、この『李衛公問対』の編者は不詳である。しかも、実際に太宗と李衛公の間でこのような問答がなされたかどうかもわからない。周知のように、唐の太宗と臣下との間で交わされた政治論が『貞観政要《じょうがんせいよう》』という形でまとめられており、『李衛公問対』と『貞観政要』の内容が共通する部分も少なくないからである。

『李衛公問対』は、上・中・下の三巻構成となっていて、たとえば巻上では「教え、その道を得れば、すなわち士、楽しんで用をなす」とあり、「訓練が行き届いていれば、兵は進んで命令に従う」と言っている。巻中にも「兵を用いるに、虚実の勢を識《し》れば、すなわち勝たざるなし」と、「敵の戦力に充実した部分と手薄な部分があることが知れば、勝てないことはない」と言い切っているところは注目される。

ここでは、「武経七書」を読み下しにして引用したが、本来は全文漢文で書かれている。こうした兵法書が主として禅宗の寺に所蔵され、禅僧たちによって読まれ、また禅僧たちによって戦国武将子弟に教えられることになった理由もそこにあった。禅僧はふだんから、漢文を自由に読みこなせる能力を鍛えていたのである。

そこで次に、戦国武将やその子弟がどのように「武経七書」を学んだのか、さらに学びとった兵法の知識を実戦にどのように使っていったのかを、具体的にみていくことにしたい。

北条早雲と孫子の兵法

戦国時代の幕を開けた一人に数えられる北条早雲《そううん》であるが、自らは北条早雲と名乗ったことはない。北条という苗字を使うようになるのは子の氏綱《うじつな》の時からで、厳密にいえば伊《い》勢《せ》宗瑞《そうずい》である。ここでは、便宜的に北条早雲で進める。

早雲の出自に関しては諸説あったが、現在では、室町幕府政所《まんどころ》執事を務めた京都伊勢氏の一族で、備中高越山《たかこしやま》城（岡山県井原市）の城主伊勢盛定《もりさだ》の子とする説に落ち着いている。ただし、従来、生年は永享四年（一四三二）とされてきたが、最近は康正二年（一四五六）とする説が有力視されている。

高越山城の近くに曹洞宗の法泉寺《ほうせんじ》があり、早雲も少年時代、その法泉寺で教育を受けたものと思われる。その後、京都に出て京都五山の一つ建仁寺に入っていたことが確実である。それは、早雲が亡くなって一ヵ月後の永正十六年（一五一九）九月十五日に開かれた無《む》遮会《しゃえ》で、禅僧の芳林乾幢《ほうりんけんとう》が「外収汗馬、内牧心牛、出入相府、東山優游、参得祖意、南浦宗猷」（『玉隠《ぎょくいん》和尚語録』）という祭文《さいもん》を読んでおり、東山、すなわち建仁寺で、南浦紹明《なんぽじょうみん》（一二三五～一三〇九。臨済宗の僧）の法脈を受け嗣ぐ禅の祖意を得ていたことが明らかだからである。

実は、この南浦紹明は、大徳寺開山宗峰妙超《しゅうほうみょうちょう》（一二八三～一三三八。臨済宗の僧。嘉暦元年（一三二六）に大徳寺を開山）の師にあたる人物で、早雲は、このあと建仁寺から大徳寺に移っている。早雲が大徳寺で修行していたことは、早雲と兄弟弟子の間柄だった東渓宗牧《とうけいそうぼく》（一四五四～一五一七。臨済宗の僧）が記した文章によって明らかとなる。その文章とは、『東渓宗牧語録』（大徳寺龍源院所蔵）で、ここでは岩崎宗純氏の読み下しを引用しておきたい（「北条早雲と以天宗清」『おだわら――歴史と文化』九号）。

天山

東海路に武にして禅に之《ゆ》く者あり、諱《いみな》を宗瑞と曰《い》い、自ら早雲庵主と称す。曽《か》つて正続大宗《しょうぞくだいそう》禅師の室に入って、吾が三玄《さんげん》の戈《か》を操《あやつ》る。固《まこと》に一世の雄にして仏法中の人也。故に誠を外護《げご》に傾むく者、金湯《きんとう》も未《いま》だ険と為さず、克《よ》く鷲嶺《しゅうりょう》の記莂《きべつ》を諼《わす》れ弗《あら》ざる者歟《か》。或る人之に字して天山と曰く、今茲の冬、飛廉《ひれん》に便じ、而して一偈を其の下に係くることを求め見る。厳命拒み難し、因って字を賛して云う。

一劃纔《いっかくわずか》に形す蒼蓋の円かなり、
万有を包容して四時に遷《うつ》る、
孤峰頂上、頭を回し看《み》れば、
日月星辰脚下の辺、
　永正五年仲冬日

この文章から明らかなように、早雲は正続大宗禅師の教えを受けていた。正続大宗禅師というのは大徳寺四十世の春浦宗凞《しゅんぽそうき》（一四〇九？～一四九六。臨済宗の僧）のことで、宗瑞という諱の「宗」の字は、大徳寺系の僧に共通する。

もっとも、早雲がいつからいつまで大徳寺で修行していたかは不明で、大徳寺で何を学んでいたかもよくわからない。ただ早雲は、大徳寺で『孫子』や『呉子』『六韜』『三略』などの兵法書を読破していたのではないかと思われる。なぜなら、後年、早雲が戦国大名として自立していく過程の戦いにおいて、兵法書を実戦に応用していったと思われる点と、もう一つ、大徳寺の住持だった一休宗純《いっきゅうそうじゅん》（一三九四～一四八一。臨済宗の僧。後小松天皇の皇子）の興味深い観察もあるからである。

その一休宗純の観察というのは、一休の漢詩文集『狂雲集《きょううんしゅう》』にみえる。同書に「会裡《えり》の僧に武具を与う」と題する二偈《げ》があるが、そこには「逆行の沙門三尺の剣、禅録を看ずして軍書を読む」とあり、禅宗の僧侶たちが、本来学ぶべきはずの禅録を読まず、軍書、すなわち兵法書を読んでいる様子を苦々しい思いで見ていたことがわかる。早雲が大徳寺にいた時代と、一休が大徳寺の住持を務めていた時代は一部重なると思われるので、早雲らが禅録を勉強せず、兵法書ばかり読んでいる状況を嘆き、「禅録を看ずして軍書を読む」という表現になったのではなかろうか。

さて、その早雲であるが、一時期、足利義視《よしみ》に仕えたことがあった。しかし、その義視が応仁・文明の乱の時に、状況悪化の影響で伊勢へ逃れたことがあり、その後、状況がよくなって義視は京都に戻ったが、早雲はそのまま伊勢にとどまる道を選んだ。伊勢で浪人の身になったわけである。

その時、駿河守護の今川義忠《よしただ》に嫁いでいた姉の北川殿から声がかかり、駿河へ下向することになった。応仁二年（一四六八）か三年のことである。ところが、文明八年（一四七六）、義忠が遠江の国人領主横地《よこじ》氏・勝間田《かつまた》氏を討ちながら、その帰途、横地氏・勝間田氏の残党によって殺されるという事件が起き、義忠の子龍王丸がまだ六歳だったことで、家督争いが生じたのである。「六歳の幼君ではやっていけない」と主張する家臣たちは、今川一族の小鹿範満《おしかのりみつ》を立てようとし、「幼君でもまわりが盛り立てていけば大丈夫」と二派に分かれて争いになりかけた。もっとも、最近の研究で、早雲の生まれは、従来いわれていた永享四年（一四三二）ではなく、康正二年（一四五六）とする説が浮上し、そうなると応仁二年には早雲はまだ十三歳ということになる。十三歳での介入は無理ではないかと思われる。

通説では、早雲が「龍王丸が成人するまでの間、小鹿範満に代行してもらったらどうだ」という折衷案を出したため、争いにはならず、居場所がなくなった形の早雲は京都に戻り、幕府の申次衆《もうしつぎ》となっている。それから何事もなく十年ほどが経過した。しかし、家督代行のはずの小鹿範満が、「家督を戻しましょう」と言ってこなかったのである。

おそらく、姉北川殿からの訴えがあったのであろう。長享元年（一四八七）、ひそかに駿河に戻って同志を集め、ついに十一月九日、駿府今川館を急襲して小鹿範満を殺し、龍王丸に家督を取り戻しているのである。早雲の康正二年誕生説に従えば、この時が初めての駿府下向ということになる。ここで龍王丸は元服し、氏親《うじちか》と名乗った。そして、その氏親から駿河にとどまるよう要請され、駿河国の東のはずれ、駿東郡の興国寺城《こうこくじ》（静岡県沼津市）の城主となり、東の守りにつくとともに、氏親による遠江進出の軍事行動においては、今川軍を率いて戦っているのである。建仁寺および大徳寺修業時代に身につけた兵法が大いに役に立っており、さらに明応二年（一四九三）の早雲による伊豆討ち入りにおいても、兵法書で得た知識が生かされていた。

早雲の戦いぶりをみると、『孫子』を実戦に応用しているというケースがかなり見受けられる。中でも、用意周到な準備と、事前の敵状視察は早雲兵法の大きな柱であるが、これはまさに『孫子』の実践であった。

『孫子』第三「謀攻」に有名な次の言葉がある。

故に勝を知るに五つあり。與《とも》に戦うべく、與に戦うべからざるを知るものは、勝つ。衆《しゅう》寡《か》の用を識《し》るものは、勝つ。上下、欲を同じうするものは、勝つ。虞《ぐ》を以て不虞を待つものは、勝つ。将、能ありて、君、御《ぎょ》せざるものは、勝つ。此五つのものは勝を知るの道なり。

故に曰く、彼を知り己を知れば、百戦殆《あやう》からず。彼を知らずして己を知れば、一たびは勝ち、一たびは負く。彼を知らず己を知らざれば、戦うごとに必ず殆し。

この内、特に「彼を知り己を知れば、百戦殆からず」のフレーズはあまりに有名で、「彼」とあるのを「敵」と言い換え、「敵を知り己を知れば、百戦殆からず」としてかなり流布した言い方になっている。

要するに、『孫子』は、戦いをする場合、相手の力を十分知った上で戦いに臨むべきことを言っているわけであるが、この主張は、今引用した部分だけではなく、ほかの部分にもみられる。

たとえば、『孫子』の終わり近くであるが、第十三「用間」のところに、

名君賢将の、動いて人に勝ち、功をなすこと、衆に出ずる所以《ゆえん》は、先ず知ればなり。

とみえる。『孫子』は省略が多いので文意を取りにくいところも結構あるが、ここは「先ず敵の情を知ればなり」と、「敵の情」という言葉を補ってみるとわかりやすい。つまり、ここでも、敵の状況を知ることが大切だ、と説いていることがわかる。

「彼を知り己を知れば……」という孫子の兵法を実際に応用していた早雲の具体例は、明応二年（一四九三）の伊豆討ち入りである。早雲が入った興国寺城からは正面に伊豆の山々がよく見渡せ、いわば伊豆の喉元を押さえる位置にあった。その伊豆には、当時、堀《ほり》

越公方《ごえくぼう》の足利政知《まさとも》がいた。政知は本来、鎌倉公方となるべく関東に下ってきたのであるが、鎌倉には入れず、鎌倉公方管轄の一番東のはずれ、伊豆にとどまり、堀越公方と呼ばれていた。

ところが、延徳三年（一四九一）にその堀越公方足利政知が亡くなり、政情不安な状況が生まれていた。そこで早雲は、興国寺城から間者を伊豆に送り込み、足利政知死後の堀越公方家の様子を探らせている。しかも、間者に探らせただけでなく、『北条五代記』（江戸時代初期に成立）によると、自らも変装して偵察に出向いたという。そのあたりのことを『北条五代記』は、「新九郎違例となぞらえ、伊豆国修禅寺の湯にしばらく入て、伊豆の国の様子をつぶさに聞届、伊豆の国を切てとらんと思慮をめぐらさる」と描写している。この「新九郎」こそが伊勢新九郎盛時《もりとき》、すなわち北条早雲のことである。

つまり早雲は、湯治ということで修禅寺温泉につかりながら、伊豆の情勢をうかがったというのである。間者のもたらした情報、それに自ら湯治を装いながら得た情報は、『鎌倉九代後記』（鎌倉公方・古河公方九代の年代記。成立年未詳）によると、

政知ノ子息茶々丸、伊豆国堀越ノ御所ニ居ス。其家臣外山豊前守、秋山蔵人ヲ讒言ニヨリテ誅伐ス。此時豆州騒動。

というものであった。

早雲は、家中の不和という状況を的確に掌握し、「今、堀越御所を急襲すれば、堀越公方足利茶々丸《ちゃちゃまる》を倒すことができる」と読んだのである。まさに「彼を知り……」という孫子の兵法の実践である。結局、早雲は伊豆の奪取に成功する。

このあと、早雲が伊豆から相模へと版図を拡大していく時にも孫子の兵法を用いている。『孫子』第一「始計」に次のような一節がある。

兵は詭道《きどう》なり。故に能《よ》くして之に能くせざるを示し、用いて之を用いざるを示し、近くして之に遠きを示し、遠くして之に近きを示し、利して之を誘い、乱して之を取り、実すれば之に備え、強ければ之を避け、怒らせて之を撓《みだ》し、卑しくして之を驕《おご》らせ、佚《いっ》すれば之を労し、親しめば之を離し、その備無きを攻め、其不意に出づ。

早雲の戦いぶりをみていると、まさに「兵は詭道なり」の感を深くするが、右に掲げてあるようなことを、早雲はほとんど実戦に応用している。「卑しくして之を驕らせ……」というのをくわしくみておきたい。

伊豆平定にほぼ成功したところで、早雲は次のターゲットを、相模西部の要衝である小田原城の大森藤頼《おおもりふじより》に絞った。大森藤頼の父氏頼《うじより》はなかなかの人物だったらしく、氏頼在世中には攻めにくかったが、その氏頼が亡くなり、藤頼が家督を継いだところ、「藤頼は凡庸である」という情報が入ってきた。

そこで早雲は、自ら下手《したで》に出て、ことさら卑屈な態度をとって大森藤頼を持ち上げ、珍しい物を贈ったりしていたのである。これが策略であるとは気づいていない藤頼は、喜んで早雲からの贈物を受け取っていた。

「頃合いよし」と判断した早雲は、明応四年（一四九五）九月、「伊豆で鹿狩りをやっていたら、鹿が皆小田原城の裏山に逃げてしまった。伊豆に追い返すために、勢子《せこ》を裏山に入れさせてほしい」という手紙を藤頼のもとに届けさせた。早雲からの贈物に気をよくし、早雲を自分の目下のように思っていた藤頼は、何の疑いもなく早雲の申し出を許可したのである。早雲は、自分の兵を勢子に変装させ、一気に小田原城を攻め落とすことに成功した。従来から明応四年とされてきたが、その数年後という説も出てきて、年についてははっきりしないものの、これぞ、まさに「卑しくして之を驕らせ……」の実践であった。

早雲の兵法の特徴は奇襲攻撃にあった。初めの駿府今川館に小鹿範満を攻めた時も、堀越御所に足利茶々丸を攻めた時も、今みた小田原城攻めも、いずれも敵の虚を衝いた奇襲攻撃であった。これは、早雲が『孫子』第六「虚実」にある「進んで禦《ふせ》ぐべからざるは、其虚を衝《つ》けばなり」に拠っている。これも、このままでは意味が取りにくいが、「我進んで、敵禦ぐべからざるは、其虚を衝けばなり」ということである。つまり、「わが軍が進んだ時、敵がこれを防ぐことができないのは、わが軍が敵の虚を衝いた時である」の意である。もっとわかりやすくいえば、「敵の意表を衝け」ということであろう。

なお、早雲は『孫子』だけでなく『三略』も学んでいたことが『甲陽軍鑑』品第十二にみえる。すなわち、

……七十ヶ年以前に伊豆の早雲、三略をきかんとあり、物知りの僧をよび、夫《それ》主将ノ法務択二英雄之心一と有る所迄きき、はや合点したるぞをけと有りしを、能きことゝ思召しなさるべし、それはあしき義也。早雲公などは定めて一仏一社の化身にて候べし。

とあり、「物知りの僧」に『三略』を講義させていたことがわかる。自分で「武経七書」を読むだけでなく、こうした形での耳学問もあったのである。

すでにみたように、「武経七書」は単に兵法書というだけでなく、為政者としてのあるべき姿を示しているところもある。たとえば、『呉子』図国篇に、「強国の君は、必ずその民を料《はか》る」、すなわち「強国の君主は、必ず人々のことを考えている」とあるように、領

民に対する憐愍《れんびん》の必要性を説いており、早雲の四公六民政策などは、まさに「強国の君は、必ずその民を料る」そのものといってよい。

伊豆奪取後の早雲の施策について、『北条五代記』は次のように記している。

……三十日の中、伊豆一国治りぬ。新九郎収納する所は、御所の知行有計《ばかり》を、台所領に納、みな本の侍領知す。其上新九郎高札を立る。前々の侍年貢過分の故、百姓つかるゝ由聞及びぬ。以来は年貢五つ取所をば二《(ママ)》つゆるし、四つ地頭おさむべし、此外一銭にあたる義なり共、公役かけべからず。若法度に背くともがらあらば、百姓等申出べし。地頭職を取はなさるべき也と云々。是によりて百姓共よろこぶ事限りなし。他国の百姓此由を聞、あはれ我等が国も、新九郎殿の国にならばやとねがふと云々。

早雲が禅寺で修行し、「武経七書」を読みこなしていたことが、こうした撫民政策に生かされていたわけで、単に、戦いのために学んでいたというのとは少し違う側面もあったことがわかる。

毛利元就と呉子の兵法

毛利元就《もとなり》は毛利弘元《ひろもと》の二男で、家督は兄の興元《おきもと》が継いでいた。ところが、興元が早く死に、その子幸松丸《こうまつまる》も九歳で死んでしまったので、元就は大永三年（一五二三）、二十七歳で家督を継ぐことになった。もっとも、その頃の毛利氏は、安芸国の国人領主の一人にすぎず、所領も三千貫程度だった。ところが、その国人による連合、すなわち国人一揆の輪から、元就が一人抜け出す形となる。国人一揆からの戦国大名化というわけである。

国人一揆の輪から元就一人が抜け出せたのは、元就の策略が功を奏したからであった。まず、三男の隆景《たかかげ》を小早川《こばやかわ》家へ養子に入れ、次いで二男の元春《もとはる》を吉川《きっかわ》家へ養子に入れている。小早川も吉川も、毛利と同じ国人一揆の構成員であり、毛利家は、一挙に三の力を持つようになったのである。養子送り込み戦略といってよい。元就自身、子どもたちへの手紙の中で、「ひとへにく武略・計略・調略かたの事までに候く」といい、また、長男隆元《たかもと》に宛てた教訓状で、「はかりごと多きは勝ち、少なきは敗け候と申す」（「毛利家文書」）と記しているように、謀略的手段を駆使したことでも有名である。

もっとも、謀略的手段というと、いかにも卑劣な手段を使って勢力を伸ばしていったかのように受け取られてしまうかもしれないが、この場合の「はかりごと」とは、頭脳的作戦、頭脳的プレーと言い換えた方がよいかもしれない。元就は「武経七書」などに学びながら、頭を使って、弱小勢力から中国地方十ヵ国の大々名にのし上がっているのである。

元就のいう「武略・計略・調略」を上手に使った戦いとして知られるのが、大永三年（一五二三）の安芸鏡山《かがみやま》城（広島県東広島市）の戦いである。この時、毛利家の当主は兄興元の子幸松丸で、元就はその後見役として毛利軍の指揮を取っていた。

この時の鏡山城は大内方で、大内義隆《よしたか》の家臣蔵田《くらた》房信《ふさのぶ》が守っていた。それを尼子《あまご》方の毛利幸松丸が攻めたわけであるが、元就は房信の叔父直信《なおのぶ》に対する調略に乗り出している。当時、房信が二の丸を守り、直信が本丸を守っていた。なお、直信については、叔父ではなく弟とする説もある。

元就は直信に密書を出し、「味方をすれば安堵しよう」と誘い、その誘いに乗った直信の手引きで本丸を手にし、次いで房信が守っていた二の丸も攻め落とすことに成功している。ただ、この時、元就の調略に乗った蔵田直信は、その後、本領を安堵されるどころか、逆に殺されているのである。それは、一般的には、元就の助命嘆願にもかかわらず、「裏切り者を赦すわけにはいかない」と、尼子経久《つねひさ》が首をはねることを命じたからだとされている。しかし、元就には初めから直信を利用する意思があった可能性もあり、経久一人を悪者にする解釈には異論も出されている。

さて、その後、元就は尼子家から大内家に乗り換えたため、天文九年(一五四〇)、尼子晴久《はるひさ》に攻められている。しかし、元就は居城の郡山城《こおりやま》(広島県安芸高田市)に籠城し、翌年、尼子勢を撃退することに成功している。元就の武名が上がったことは間違いない。もっとも、この郡山城籠城戦では、「武略・計略・調略」の手を使ったわけではない。

元就の「武略・計略・調略」ぶりがはっきりとみられるのは、弘治元年(一五五五)の厳島《いつくしま》の戦いである。厳島で戦うことになる陶晴賢《すえはるかた》は、初め隆房《たかふさ》と名乗っていた。大内義隆の重臣筆頭で、周防守護代の地位にあり、主君義隆の偏諱《へんき》を受けて、隆房といった。

ところが、その隆房が天文二十年(一五五一)八月、クーデターを起こし、義隆を自刃に追い込み、そのあと、名目上の主君として豊後の大友家から晴英《はるひで》を迎え、その偏諱を受けて晴賢と改名し、大内義隆の遺領を支配する形となっていたのである。元就はこの陶晴賢とは距離を置いていたが、いつまでもその状態が続くわけはなく、天文二十三年(一五五四)八月、晴賢は家臣の宮川房長《みやがわふさなが》に命じ、兵七千をつけて元就討伐に向かわせた。元就は宮川房長が、桜尾城《さくらお》(広島県廿日市市)の西約四キロのところにある折敷畑《おしきばた》に陣を置いたという情報をキャッチするや、九月十五日、機先を制し、折敷畑に総攻撃をかけた。この時、元就の兵は三千ほどで、宮川房長の半分以下であったが、兵を四つに分け、油断している房長に奇襲をかけ、総大将宮川房長、副将宮川彦五郎をはじめ、陶軍の主だった部将を討ち取っているのである。奇襲の勝利ということになるが、「武略・計略・調略」の実力を発揮するのはこれから先である。

この頃の陶晴賢の最大動員兵力は約二万と考えられる。それに対して、元就は三千五百から多くみてもせいぜい四千であった。「兵多きが勝つ」などといわれるように、まともにぶつかって勝てる相手ではない。そこで元就は謀略的手段を使って、まず晴賢の兵力を削減させる作戦に出た。その作戦というのが離間策《りかんさく》である。

晴賢には江良房栄《えらふさひで》という重臣がいた。晴賢がまだ隆房と名乗っていた時、「房」の一字を与えられた部将で、重臣筆頭に位置づけられていた。元就は、なんと、この江良房栄に寝返り工作を行っているのである。しかし、その工作は房栄に拒絶され、失敗に終わっている。ふつうならば、その失敗であきらめてしまうところであるが、元就は違っていた。改めて離間策に切り替えている。離間策とはこの場合、晴賢と房栄の間を離してしまおうという策略である。

元就は、まず晴賢周辺に「江良房栄謀反」の噂を流させている。その噂が晴賢の耳に届くのと前後して、実際に房栄が主君の晴賢に対し、「毛利元就とは和睦した方がいい」と進言したことから、晴賢は「房栄が元就と内通しているのではないか、あの噂は本当だったのか」と疑い始めた。この頃は、噂や風聞が飛びかい、疑心暗鬼に陥るということが一般的だった。

実にタイミングよく元就の側から離間策が仕掛けられたわけであるが、それが元就の謀略であることに気づかなかった晴賢は、天文二十四年（一五五五）三月十六日、重臣の一人弘中隆兼《ひろなかたかかね》に命じ、房栄を岩国の琥珀院《こはくいん》に襲わせ、これを殺している。こうして元就は、厳島の戦いを前にして、敵の勢力の一部を殺《そ》ぐことに成功した。仮に、江良房栄がそのまま晴賢の片腕となっていた状態で厳島の戦いを迎えていれば、元就が勝てたかどうかはわからないところであった。

元就は、「いずれは陶晴賢とは雌雄を決する戦いをしなければならない」と考え、作戦を練り始めるが、その時、作戦を考える上で大きく関係したのが『呉子』だったのではないかと思われる。『呉子』応変篇に、「衆を用うるは易を務め、少を用うるは隘《あい》を務む」という言葉がある。「自軍が多勢なら平坦な地を、少勢なら狭隘な地に布陣する」といった意味である。三千五百ないし四千の軍勢で、その五倍もの二万という大軍を相手にするわけで、まさに「少を用うるは隘を務む」はうってつけである。そこで、元就が注目したのが厳島だった。平地で二万の大軍を相手にすれば勝ち目は全くといってよいほどないが、狭いところにうまく誘い込めれば勝ち目も生まれるという判断である。

そのあたりが「智将元就」といわれるゆえんで、なんと、厳島に陶の大軍をおびき出すための行動を取り始めている。厳島は、厳島神社が鎮座する信仰の島であるとともに、大内氏時代はもちろん、陶氏の時代になっても、瀬戸内水軍の重要な基地であった。元就は、大胆にも、この厳島に宮ノ尾《みやのお》城という城を築き、そこに陶方から毛利方に寝返ってきたばかりの己斐《こい》豊後守《ぶんごのかみ》と新里《にいざと》宮内少輔《くないのしょう》という二人を城番として入れているのである。これは、晴賢を刺激するのに十分であった。

しかも、そうした上で、元就は一つの噂を晴賢の周辺に流させている。その噂というのもふるっていて、「厳島に兵力を割いたのは失敗だった。今、厳島を攻められたらひとたまりもない」という元就の反省の弁だったのである。

もっとも、これだけであれば、晴賢も元就の謀略に乗せられることはなかったかもしれないが、元就は、さらに駄目押しともいうべき謀略を仕掛けたのである。それは、毛利氏の本拠地郡山城を守っていた重臣の桂元澄《かつらもとずみ》から晴賢に、偽りの寝返りを約す密書を出させるというものであった。当時、機を見て有利な方につくというのは結構ありがちなことで、重臣の中から裏切りに走る者が多かったこともあり、晴賢はこれを信用してしまったらしい。

天文二十四年（一五五五）九月二十一日、晴賢は五百余艘の船に分乗して出帆し、翌二十二日、二万の大軍が厳島の大元浦《おおもとうら》に上陸した。元就方の宮ノ尾城には五百ほどの兵しかいなかったといわれているので、二万の大軍で攻めかかれば簡単に落とすことができたはずなのに、城攻めはしていない。内応を約束した桂元澄が動くのを待っていたためかもしれない。

元就は、厳島の対岸の地御前《じごぜ》というところに布陣していたが、九月三十日夜、折からの暴風雨の中を出帆し、厳島の鼓ヶ浦《つつみがうら》に上陸した。陶方に気づかれずに渡海したことが大きな意味を持ち、結局、翌十月一日、夜が白み始めると同時に陶軍めがけての一斉攻撃が始められ、陶軍は奇襲を受けて浮き足だった。狭い島内で、しかも二万という大軍だったために大混乱に陥り、総崩れになってしまったのである。島から脱出するための船も得られず、晴賢は高安原《たかやすがはら》というところで自刃している。この時の陶軍の戦死者は四千七百余人と伝えられ、このあとは、元就が中国地方の覇者として急速に力を伸ばしていくことになるのである。

武田信玄と「風林火山の軍旗」

武田信玄の「風林火山の軍旗」といわれるものは、「疾如風徐如林侵掠如火不動如山」という十四文字を大書した軍旗で、信玄ゆかりの恵林寺《えりんじ》や雲峰寺《うんぽうじ》（いずれも山梨県甲州市）に伝来している。俗に「孫子の旗」といわれるように、『孫子』「軍争」篇第七に由来する。

『孫子』には、

兵は詐《さ》をもって立ち、利をもって動き、分合《ぶんごう》をもって変をなすものなり。ゆえにその疾《はや》きこと風の如く、その徐《しず》かなること林の如く、侵掠《しんりゃく》すること火の如く、動かざること山の如く、知り難きこと陰の如く、動くこと雷震の如し。

とあり、軍勢の動かし方について述べている部分から採っている。信玄が孫子の兵法を採用していた証拠とされる。

この部分の文意は、「戦場で兵を動かして勝利するためには、相手の目をくらませ、有利な場所に陣取ることが必要である。その上で、兵を分散して配し、戦況次第では一つにまとまるようにしておく。そこで、行動を起こす時は、疾風《はやて》が吹き抜けるようにし、静かにしている時は、しんと静まり返っている森林のようでなければばらない。攻め入る時は、枯草に火がついたように素早く、動くのが不利と判断した時は、泰山《たいざん》のように構えて、相手に気づかれないように行動し、いざ合戦となったら、百雷が一度に落ちるように攻め入る。これが用兵の要点である」というものである。

快川紹喜肖像（隣華院所蔵）

この中から、「疾如風徐如林侵掠如火不動如山」の十四文字を二行に大書して軍旗としたわけである。この文字を撰んだのは快川《かいせん》紹喜《じょうき》といわれ、永禄四年（一五六一）九月の第四次川中島の戦いから使われるようになったといわれているが、確証はない。

快川紹喜は美濃の出身で、京都の妙心寺《みょうしんじ》、美濃の崇福寺《そうふくじ》（岐阜市）の住持となり、信玄の招きを受けて甲斐に来往したというが、くわしい経緯についてはわからない部分が多い。ただ、天文二十四年（一五五五）五月の、信玄の母大井氏の四回忌の際には「恵林小比丘」とあることから、同年には恵林寺に在住していたことは確実とされる（『戦国人名辞典』）。

その後、美濃に戻ったらしく、再び恵林寺に入るのは永禄七年（一五六四）十一月からである。快川紹喜が、伝えられるように『孫子』からこの十四文字を撰んだとすれば、それは天文二十四年（弘治元年）ないしはそれ以前ということになるが、詳細はわからない。

なお、この「風林火山の軍旗」があまりにも有名なため、信玄は孫子の兵法を基本にしていたと捉えられているが、どうもそうではなかったらしいことが『甲陽軍鑑』にみえる。『甲陽軍鑑』の史料的信憑性については議論のあるところではあるが、同書品第二十五に注目すべき記述がある。すなわち、

天文十四年六月廿四日に晴信公、山本勘介を召して諸国弓矢の批判をきゝ給ひて後問ひ給ふ、唐より日本へわたりたる軍書を見聞きたる斗《ばか》りにては、人数を賦《くば》り備へをたて陣取りをとりしき、堺目の城構へ能き軍法を定むる事なりがたくおぼえたり、其方ならひうけたる様子はなきかと仰せられければ、勘介承りて申上る（後略）

とあり、ここに「唐より日本へわたりたる軍書」というのが『孫子』を含む「武経七書」を指していることは間違いない。つまり信玄は、中国から日本に伝えられた兵法書を見ただけでは、兵の配置、陣の構え、陣の攻撃、国境の城構えなどについて、あまり参考にならないではないかと述べているわけで、「武経七書」の応用について、それに全面的に依拠する思いはなかったことがわかる。

黒田官兵衛と孫子の兵法

黒田官兵衛は名乗りを孝高《よしたか》といい、出家して如水《じょすい》と号した。もともとは播磨の小戦国大名小寺政職《こでらまさもと》の家老小寺職隆《もとたか》の子で、職隆から家督を譲られるとともに、姫路城主にもなっている。その頃、姫路城は小寺政職の居城である御着城《ごちゃく》（兵庫県姫路市）の支城にすぎなかった。のちに、旧姓の黒田に戻っている。

官兵衛が家督を継いだ頃、播磨は、東からは織田信長、西からは毛利輝元《てるもと》の力が伸びてきて、どちらかの陣営に属さなければ立ちゆかない状況となっていた。小寺家は、官兵衛の主導で織田方に属すことになり、やがて天正五年（一五七七）、羽柴秀吉が「中国方面軍司令官」となって播磨に乗り込んできた時、官兵衛は積極的に播磨の諸将を織田陣営に引き込む働きをし始めている。播磨のことにくわしい官兵衛を、秀吉も一番頼りにしていたのである。

官兵衛の説得によって、戦わずに織田陣営に属す武将は多かったが、毛利方に期待を寄せ、抵抗する武将もいた。その一人が福原城《ふくはら》（兵庫県佐用郡佐用町）の福原助就《すけなり》であった。天正五年十一月、官兵衛が先手の大将となって福原城を攻めており、その時の様子が『黒田家譜』によって明らかになる。ちなみに、この『黒田家譜』は、江戸時代、福岡藩黒田家に仕えていた儒学者貝原益軒《かいばらえきけん》が中心になって編纂したものである。そこには、

……やがて東幡（播）磨大略秀吉にしたがふ。是孝高の功なり。然るに西幡（播）磨いまだ下知に従ハず。殊に佐用・上月の城主、秀吉に帰服せざる故に、同年（天正五年）十一月、秀吉佐用の城を攻んとて、東の山のかさに陣を取り、孝高の謀にて夜中に三方を囲ミ、後一方をあけて攻給ふ。是孫子が所謂囲師必闕といふ軍法なり。孝高をもつて先手とす。孝高城辺に近々と陣をとる。然る処に城主福原主膳助就、倔強《くっきょう》の兵千余人を卒して、孝高の備に突てかゝる。孝高敵の出たるハ願ふ所の幸と思ひ、即鎗を合せしばらく戦ふ處に、福原打負て城中へ引籠る。

と記され、ここに、「孫子が所謂囲師必闕といふ軍法なり」とみえる。なお、『黒田家譜』のいう「佐用《さよう》の城」が福原城のことである。

実際、『孫子』の「軍争第七」に「囲師必闕」とあり、「囲む師は必ず闕く」と読んでいる。敵の城を攻める時、全部ふさいでしまうのではなく、一方だけ逃げ口を開けておくという戦法である。全部包囲してしまうと、逃げ場を失った敵が、それこそ窮鼠となって死戦を挑んでくることが予想され、そうなると味方の犠牲が大きくなるわけで、官兵衛は福原城攻めにあたって『孫子』のいう「囲師必闕」を用い、一ヵ所の逃げ道を作っていたことがわかる。

そこまでは『孫子』の兵法を実際の戦いに応用したことになるが、そこから先、官兵衛はさらに工夫をしていたことが『黒田家譜』の続きの記述から明らかになってくる。

福原城攻めの時、秀吉の勘気に触れて浪人となっていた平塚藤蔵という部将がいた。官兵衛はその平塚藤蔵を何とか帰参させてやりたいと考えていて、一つの秘策を授けている。『黒田家譜』によると、「此城今夜三方を囲ミ、後一方をあけてせむべし。城の形勢持こたゆべきものにあらず。必敵夜中に悉《ことごとく》あけ退《のく》べし。其方は夜半より城のうしろの松山に行て、落行敵を道筋に待うけて高名せらるべし」と教えたという。平塚藤蔵は教えられた通り、一方を開けている城の近くに潜んでいて、逃げてきた城主福原助就を討ち取り、みごと帰参を果たしたという。

もっとも、ほかの史料によれば、福原助就はそこでは討ち取られず、城を脱出することに成功したものの、城兵の大半が討ち死にしたことの責任を取る形で、福原氏歴代の菩提寺である福円寺《ふくえんじ》（兵庫県姫路市）に入り、そこで自刃したともいわれているので、『黒田家譜』の記述がどこまで実際のことだったかの判断は難しい。ただ、官兵衛がこの福原城の戦いで『孫子』の「囲師必闕」を使ったことは確かである。

羽柴秀吉と孫子の兵法

羽柴秀吉が「武経七書」をどの程度読みこなしていたかはわからない。子ども時代の秀吉が、果たして本を読むような環境にあったのかも謎である。ところが、小瀬甫庵《おぜほあん》の『太《たい》閤記《こうき》』は、秀吉が八歳の頃、光明寺《こうみょうじ》という寺に入っていたとする。その部分を引用しておく。

……出レ於二襁褓《きょうほう》之中一より、類ひ稀なる稚立にして、尋常の嬰児にはかはり、利根聡明なりしかば、出家させ、禅派の末流をも継《つが》せ、松林の五葉を昌んにせばやとて、八歳の比、同国光明寺の門弟となしけるに、沙門の作法には疎く、世間の取沙汰等には、十を悟れる才智世に勝れ（後略）

「禅派の末流」とあることからすれば、秀吉が入ったという光明寺は禅宗寺院だったと思われるのであるが、秀吉の生前に成立した大村由己《おおむらゆうこ》の『天正記《てんしょうき》』には、秀吉が子どもの頃、寺に入れられていたという記述はない。ましてや、入った寺が光明寺という名前だったことなど、どこにもみえない。その後の『大かうさまくんきのうち』にも、川角三郎《かわすみさぶろう》右衛門《えもん》の『川角太閤記』にもそのような記事はないので、小瀬甫庵の創作ではないかと思われる。光明寺というと、名古屋市周辺では萱津《かやつ》の光明寺が有名なので、そこで修行をしていたと捉える向きもあるが、『絵本太閤記』に描写されている話も含め、事実とは思えない。『絵本太閤記』では、寺で仏像を壊したりしたので、寺から追い出されたとしているが、秀吉の家のように、貧しい百姓の家の子どもが、寺で勉強するような境遇だったとは考えられないのである。もし、寺に入ったとしたら、それは勉強のためではなく、口減らしの意味だったのではないだろうか。

秀吉が「武経七書」などの兵法書に接するのは、天文二十三年（一五五四）、秀吉が信長の小者として仕えるようになってからではないかと思われる。その年、秀吉は十八歳である。ちなみに、秀吉はその後、小者から足軽に出世するが、苗字は持っていなかった。永禄四年（一五六一）におねと結婚し、そこで初めて木下という苗字を名乗るようになる。それは、おねの母親が木下家利《いえとし》の娘で、結婚によって木下を名乗れるようになったからであろう。

以来、秀吉は持ち前の才覚で出世し、足軽から足軽大将、そして信長の重臣の一人に数えられるまでになる。それは、信長が能力本位の人材抜擢を推進したからである。当然、秀吉もそうした信長の期待に応えるように、「武経七書」は読みこなしていたと思われる。もしかしたら秀吉は、耳学問が中心だったかもしれない。

そんな秀吉は「中国方面軍司令官」として、天正五年（一五七七）からは播磨姫路城に入り、前述した黒田官兵衛の補佐を受けながら対毛利輝元との戦いの最前線に身を置いていた。そのような時、天正十年（一五八二）六月二日、京の本能寺《ほんのうじ》で、信長が明智光秀《あけちみつひで》の謀反に遭って殺されるという大事件が起こる。本能寺の変である。

「信長討たれる！」のしらせが、備中高松城《たかまつ》（岡山市北区）を水攻めしている秀吉のところに届いたのは六月三日の夕方といわれている。その時、秀吉は、あまりのショックで立ち上がれないほどだったという。秀吉にしてみれば、自分を小者の身分から引き立ててくれた大恩人であり、親以上にありがたい存在と思っていただけに、落ち込んで当然の状況だった。

その時、黒田官兵衛が秀吉に声をかけたのは有名な話で、『黒田家譜』によると、「信長公の御事ハ、とかく言語を絶し候。御愁傷尤《もっとも》至極に存候。さても此世中ハ畢竟《ひっきょう》貴公天下の権柄《けんぺい》を取給ふべきとこそ存じ候へ」と秀吉を励ましたという。まさに、「天下を取るべき好機ではないか」というわけで、この一言で秀吉は自分が今置かれている状況を認識することになった。官兵衛が言ったのか、秀吉が思い浮かべたのかは明らかでないが、この時、秀吉の脳裏をよぎったのが『孫子』の「作戦篇」にある「兵は拙速なるを聞くも、未だ巧《こう》久なるを睹《み》ざるなり」だったのではないかと思われる。

これの意味するところは、「戦いというものは、たとえ多少作戦的にまずくても、すばやく事を運んだ方が成功しやすいということをよく聞くが、うまく運んでも、長引いてしまっていい結果になったという例はめったにみない」といったところであろう。すばやく動くことが重要だというわけで、このあとの秀吉の行動はまさに、その通りとなる。あの「中国大返し」は、『孫子』の「兵は拙速なるを聞くも、未だ巧久なるを睹ざるなり」そのものであった。

実は秀吉は、このあとにもう一度、「中国大返し」に匹敵する大返しをやってみせている。それは、天正十一年（一五八三）四月の、柴田勝家《しばたかついえ》と戦った賤ヶ岳《しずがたけ》の戦いである。この時、秀吉軍と勝家軍は琵琶湖の北、余呉《よご》湖を取り巻く山岳地帯に軍勢を展開させ、両軍にらみあいの状態が続いていた。岐阜城で織田信孝《のぶたか》が挙兵したという情報を得た秀吉は、主力軍を率いて大垣《おおがき》（岐阜県大垣市）まで進んだが、その時、勝家軍の佐久間盛政《さくまもりまさ》隊が秀吉方の大岩砦に中川清秀《なかがわきよひで》を攻め、岩崎砦に高山右近《たかやまうこん》を攻め、中川清秀が討ち死にするという事態となった。大垣で「柴田軍動く」の報を受けた秀吉は、そこから反転して木之本《きのもと》（滋賀県長浜市）までの五十二キロの道のりを、何と五時間で戻り、その勢いで賤ヶ岳に攻めのぼり、佐久間盛政隊を打ち破っているのである。これも、「兵は拙速を聞くも……」そのものであった。

徳川家康による兵法書の印刷

徳川家康がまだ松平竹千代、元服して元信・元康と名乗っていた時代、つまり、戦国大名今川義元の「人質」時代、太原崇孚《たいげんそうふ》、すなわち雪斎《せっさい》から兵法書を習っていたことについては、すでにみた通りである。しかし、その家康が兵法書を出版していたことについては、あまり知られていないのではなかろうか。

徳川幕府の正史である『徳川実紀《じっき》』の家康伝記「東照宮御実紀附録巻二十二」に注目すべき記述があるので、必要部分を引用しておく（適宜読点を加えた）。

……慶長六年九月、伏見に学舎をいとなまれ、緇素《しそ》どもに志ある者をして、入学せしめられんとて、三要を召て教授の職に命ぜらる。三要一院を建立したるに、二百石の地をよせ給ひ、かねて都鄙《とひ》寺院の訴訟をも聴聞せしめらる。又、去年の冬より、貞観政要、孔子家語、武経七書等を、海内にひろくほどこされんとの盛慮にて、十万余の活字を新に彫刻せしめ、三要に給はりて刷印せしめらる。三要がために建られしは、今の東山一乗寺村円光寺なり。ゆへにかの十万の活字は、今もその寺に収貯し、君の霊廟をも建立して、如在の祭奠《さいてん》今に怠らずとぞ聞えし。

ここにみえる「伏見の学舎」というのは、下野《しもつけ》の足利学校の分校として家康が伏見に建てさせた円光寺《えんこうじ》学校で、その中心になったのが「三要《さんよう》」、すなわち足利学校の痒主《しょうしゅ》（校長）だった閑室元佶《かんしつげんけつ》である。家康は、この閑室元佶に、木版活字十万を与え、いくつかの本を出版させていた。「東照宮御実紀附録巻二十二」では、すべて「去年の冬」、すなわち慶長五年（一六〇〇）のこととしているが、実際は若干の時間差があった。今、はっきりしているものと、その出版年を列挙すると次の通りになる。

慶長四年（一五九九）『孔子家語《こうしけご》』『六韜《りくとう》』『三略《さんりゃく》』

慶長五年（一六〇〇）『貞観政要《じょうがんせいよう》』

慶長十年（一六〇五）『吾妻鏡《あづまかがみ》』『周易《しゅうえき》』

慶長十一年（一六〇六）『武経七書』

ここで注目されるのは、『六韜』『三略』と、それを含んだ『武経七書』が家康の手によって出版されていたことである。おそらく家康としては、これら兵法書を単なる兵法書としてではなく、政治論書としての位置づけもしていたのではないかと思われる。というのは、兵法書の中に、上に立つ者の生き方を説いている部分があり、家康自身、歴史に学ぶべきことを感じとり、施政の方針に生かそうとしていたのではないかと考えられるからである。ここでは、二つほど具体例を挙げておきたい。

一つは、『三略』の下略にある「身を楽しましむる者は、久しからずして亡ぶ」である。わざわざ現代語訳するまでもないかもしれないが、「君主が自分だけ楽しんでいたのでは国は滅ぶ」というわけである。家康の念頭にあったのが誰かはわからないが、大内義隆などは該当するのではなかろうか。

もう一つ挙げるとすれば、『司馬法《しばほう》』仁本篇の「国大なりといえども、戦いを好めば必ず亡ぶ」である。「どんな大国でも、戦いばかりしていては国は滅ぶ」という意味である。家康の意識の中には、武田信玄・勝頼《かつより》の二代が栄えた武田領国があったかもしれないし、もしかしたら豊臣秀吉晩年の、二度にわたる朝鮮出兵と重ね合わせていたかもしれない。

いずれにせよ、何度もくり返すようであるが、「武経七書」は単なる兵法書ではなく、リーダー論も詰まっていたのである。

小谷城は焼けていない

二〇一一年のNHK大河ドラマ『江〜姫たちの戦国〜』は、私が時代考証を務めたが、同じ研究者仲間から、「時代考証をちゃんとやって下さい」という注文が出た。それは、浅井長政《あざいながまさ》の居城小谷城《おだにじょう》を織田信長が攻めた時のシーンに関してであった。

信長の詳しい伝記『信長公記《しんちょうこうき》』にも、信長が小谷城に火をかけたとは書かれていない。また、発掘調査でも焼けた痕跡は出ていないので、私の著書でも、「信長は小谷城には火をかけなかった」と書いている。

ところが、収録直前、NHKのディレクターから、「お市が三人の娘を連れて城を出る時、城の方を振り返る。その時、どこからも煙があがっていないと、見ている人が落城と思ってくれないので、少しだけでいいですから火をつけさせて下さい」と懇願され、「ちょっとだけですよ」と許可したところ、大々的に燃えあがるシーンに仕上がっていたのである。

四、戦国武将にとっての占筮術

五経の筆頭に挙げられる『易経』

ふつうは「四書五経」と言いならわされているが、五経ではなく、六経という場合もある。五経と六経の違いは何なのだろうか。実は五経と六経では読み方も違っているのである。このことについてわかりやすく述べているのが、高田真治氏の次の「解説」（『易経』上、岩波文庫）である。

〔六経《りくけい》と五経《ごきょう》〕　荘子の天運篇に詩、書、礼、楽、易、春秋を六経として挙げている。同じく天下篇に「詩はもって志を道《い》い、書はもって事を道い、礼はもって行ないを道い、楽はもって和を道い、易はもって陰陽を道い、春秋はもって名分を道う」といって詩、書、礼、楽、易、春秋を王道の基くところ、儒家の経典としている。筍子の儒効篇にも同様のことが述べられている。礼記、経解篇には「孔子曰く、その人となりや、温柔敦厚なるは詩の教えなり、疏通知遠なるは書の教えなり、広博易良なるは楽の教えなり、絜静精微なるは易の教えなり、恭敬荘敬なるは礼の教えなり、属辞比事は春秋の教えなり」とあって詩、書、礼、楽、易、春秋を挙げている。秦火の後に楽経が亡びたので後世は詩経、書経、礼経、易経、春秋経をもって五経と称する。前漢の武帝の時、諸子の学を斥けて儒教をもって国教とし五教博士を立てたが「漢志」には易経、尚書、詩、礼、春秋を挙げて、易を経典の首《はじめ》においてある。これは易の剛健正大を尚ぶ思想が漢代の興隆の時代に即応して尚ばれるに至ったものと思われる。宋の朱子は大学、論語、孟子、中庸を四書として五経に配し、四書五経と称して儒教の経典とした。

ここに、「易を経典の首においてある」とあるように、『易経』は五経の筆頭に位置づけられていたのである。さて、その『易経』であるが、単に『易』または「周易」といわれることもある。『周易』というのは、周代において特に発達したからである。八卦《はっか》（乾《けん》・兌《だ》・離《り》・震《しん》・巽《そん》・坎《かん》・艮《ごん》・坤《こん》）を組み合わせた六十四卦と、その象徴する意味を述べた卦辞《かじ》と、それぞれの卦を構成する六本の爻《こう》の表す意味を説明した爻辞《こうじ》とがあり、これが「経《けい》」文となる。

さらに、六十四卦の卦爻辞それぞれの解釈である「彖伝《たんでん》」「象伝《しょうでん》」、および「易」全体を総合的に解説した「繫辞伝《けいじでん》」などの部分が「伝」で、これらを「十翼」と呼んでいる（戸川芳郎・蜂屋邦夫・溝口雄三『世界宗教史叢書10儒教史』山川出版社）。

易占いは、五十本の蓍《めどぎ》、つまり、マメ科の多年草の茎か筮竹《ぜいちく》を使って卦を求めて占うわけで、『易経』から一例を挙げておこう。「蒙《もう》」のところは次のように書かれている。

䷃ 坎下艮上 蒙《もう》（山水蒙《さんすいもう》）

蒙、亨。匪我求童蒙。童蒙求我。初筮告。再三瀆。瀆則不告。利貞。

彖曰、蒙、山下有険。険而止蒙。蒙亨、以亨行、時中也。匪我求童蒙、童蒙求我、志応也。初筮告、以剛中也。再三瀆、瀆則不告、瀆蒙也。蒙以養正、聖功也。

象曰、山下出泉蒙。君子以果行育徳。

それを高田真治・後藤基巳氏の読み下しでは、

蒙《もう》は亨《とお》る。我より童蒙《どうもう》に求むるにあらず。童蒙より我に求む。初筮《しょぜい》には告ぐ。再三すれば濆《けが》る。濆るれば告げず。貞《ただ》しきに利ろし。

象に曰く、蒙は、山下に険あり。険にして止まるは蒙なり。蒙は亨るとは、亨るべきをもって行ない、時中《あた》ればなり。我より童蒙に求むるにあらず、童蒙（来りて）我に求むとは、志応ずるなり。初筮には告ぐとは、剛中をもってなり。再三すれば濆る、濆るれば告げずとは、蒙を濆せばなり。蒙もって正を養うは、聖の功なり。

象に曰く、山下に出泉あるは蒙なり。君子もって行を果たし徳を育《やしな》う。

となり、その解説は、

蒙は童蒙、幼稚蒙昧の象であるから、教育によってその蒙が啓かれれば亨る。さて教育の理想は、我すなわち師たる者から求めて童蒙に教えるのではなく、子弟・童蒙の方から進んで師に教えを求めることにある。占筮の場合にも、誠意をこめた最初の問占には答えを告げるべきであるが、二度三度と占いをくりかえすようであれば、占筮の神聖さが濆されるから、告げるべきではない。要は貞正の態度をとり保つことがよろしい。

〔象伝〕蒙は山（艮）の下に険阻《けんそ》（坎）があり、険阻を目前にひかえてふみ止まり（艮）、まだ行くべき方向がさだまらぬ象である。蒙は亨るとは、亨るべき道をもって行動し、その時宜《じぎ》にかなえばこそである。我より童蒙に求むるにあらず、童蒙より我に求むというのは、我（師たる者・九二）と童蒙（教を求める子弟・六五）の気持が応じあうことである。初筮には告ぐというのは、師たる九二が剛中の徳をそなえているからである。再三すれば瀆る、瀆るれば告げずというのは、問う者すなわち童蒙の無垢の初心を瀆すことになるからである。啓蒙の教育によって正しい道徳を涵養させるのは、聖となるしごとと言うべきである。

〔象伝〕山（艮）の下に湧き出る泉（坎）があるのが蒙である。障害をつきやぶり流れて息まない水のすがたと、静止して動揺することのない山のすがたにのっとって、君子は果敢に行動し、道徳を涵養するのである。

となる。一読して明らかなように、実に難解である。そのため、『周易正義《せいぎ》』などの注釈書も生まれてくるわけであるが、注釈書を読んだだけでは理解するのが難しく、結局は、師弟関係の形で教えを受けることになる。そして、わが国の易学のメッカとなったのが足利学校であった。

足利学校の易学

易学、すなわち占筮術《せんぜいじゅつ》は、京都五山などでも研究され、伝授されているが、代表的なものは下野《しもつけ》（栃木県）の足利学校であった。たとえば、フランシスコ・ザビエルが一五四九年十一月五日（天文十八年十月十六日）付けで、ゴアのコレジョにいたイルマンらに送った書簡には、

都の大学のほかに主なる大学五校あり。その名は高野《こうや》・根来《ねごろ》・比叡山《ひえいざん》・多武峰《とうのみね》なり。これらの大学は都の周囲に在り、各学生三千五百以上を有せりという。甚だ遠き所に坂《ばん》東《どう》と称する他の大学あり。日本の最大かつ主要なるものにして、ここに入学する学生最も多し。

とある。この「都の大学」が京都五山で、「坂東と称する他の大学」というのが足利学校である。永禄七年（一五六四）に明《みん》で出版された鄭舜功《ていしゅんこう》の『日本一鑑《にほんいっかん》』に生徒数が二千から三千あったと書かれているので、かなりの学生数がいたことは明らかである。

では、この足利学校はいつ創設されたのだろうか。『鎌倉大草紙《かまくらおおぞうし》』（室町時代の関東の動静を記した軍記物。成立年未詳。『群書類従』第二十輯所収）には、

……武州金沢の学校は北条九代の繁昌のむかし学問ありし旧跡也。又上州は上杉が分国なりければ、足利は京都幷鎌倉御名字の地にてたにことなりと、かの足利の学校を建立して種々の文書を異国より求め納ける。此足利の学校は、上代承和六年に小野篁上野の国司たりしとき建立の所、同九年、篁陸奥守になりて下向の時、此所に学所をたてけるよし、その旧跡いまにのこりけるを、応仁(永イ)元年、長尾景人が沙汰として、政所より今の所に移建立しける。近代の開山は快元と申禅僧也。今度安房守、公方御名字がけの他(地イ)なればとて、学領を寄進して弥書籍を納め、学徒をれんみんす。されば此比諸国大にみだれ、学道も絶たりしかば、此所日本一所の学校となる。是より猶以上杉安房守憲実を諸国の人もほめざるはなし。

と記されている。

右にあるように、古代、小野篁《おののたかむら》によって建てられた足利学校を、室町時代に上杉憲実《のりざね》が再興したというのがこれまでの通説的理解であったが、最近は、永享十一年（一四三九）に、上杉憲実が鎌倉円覚寺《えんがくじ》の僧快元《かいげん》（?〜一四六九。臨済宗の僧）を第一世庠主《しょうしゅ》（校長）に迎え、学則を定め、漢書を寄進して学校として整備したと捉えられている。国立公文書館内閣文庫所蔵の『下毛埜州学校由来記』によると、戦国時代、「此時儒学盛而学徒凡有三千」とみえる。七世庠主九華の頃には三千の生徒がいたという。

さて、その足利学校であるが、教授陣は庠主以下、すべて禅僧であった。そして、生徒も基本的には禅僧だった。もっとも、ふつうの人が入学したいと思った場合は剃髪《ていはつ》し、つまり、僧形になれば入学を許可されたという。学業を終え、卒業すれば、還俗《げんぞく》して構わなかった。在学中は出家の姿となり、ほかの禅僧たちと同じ生活をすればよかったことになる。

では、足利学校では、実際、どのような授業が行われていたのだろうか。幸い、文安三年（一四四六）に制定された校則が「規式」という形で「榊原家所蔵文書」（『栃木県史　史料編中世三』）に残っており、どのような書籍を使って講義されていたかがわかる。それによると、

三注（千字文《せんじもん》集註《しゅうちゅう》・古注蒙求《こちゅうもうぎゅう》・胡曾詩註《こそうしちゅう》）
四書（大学《だいがく》・中庸《ちゅうよう》・論語《ろんご》・孟子《もうし》）
六経（詩経《しきょう》・書経《しょきょう》・易経《えききょう》・春秋《しゅんじゅう》・礼記《らいき》・楽経《がっけい》）

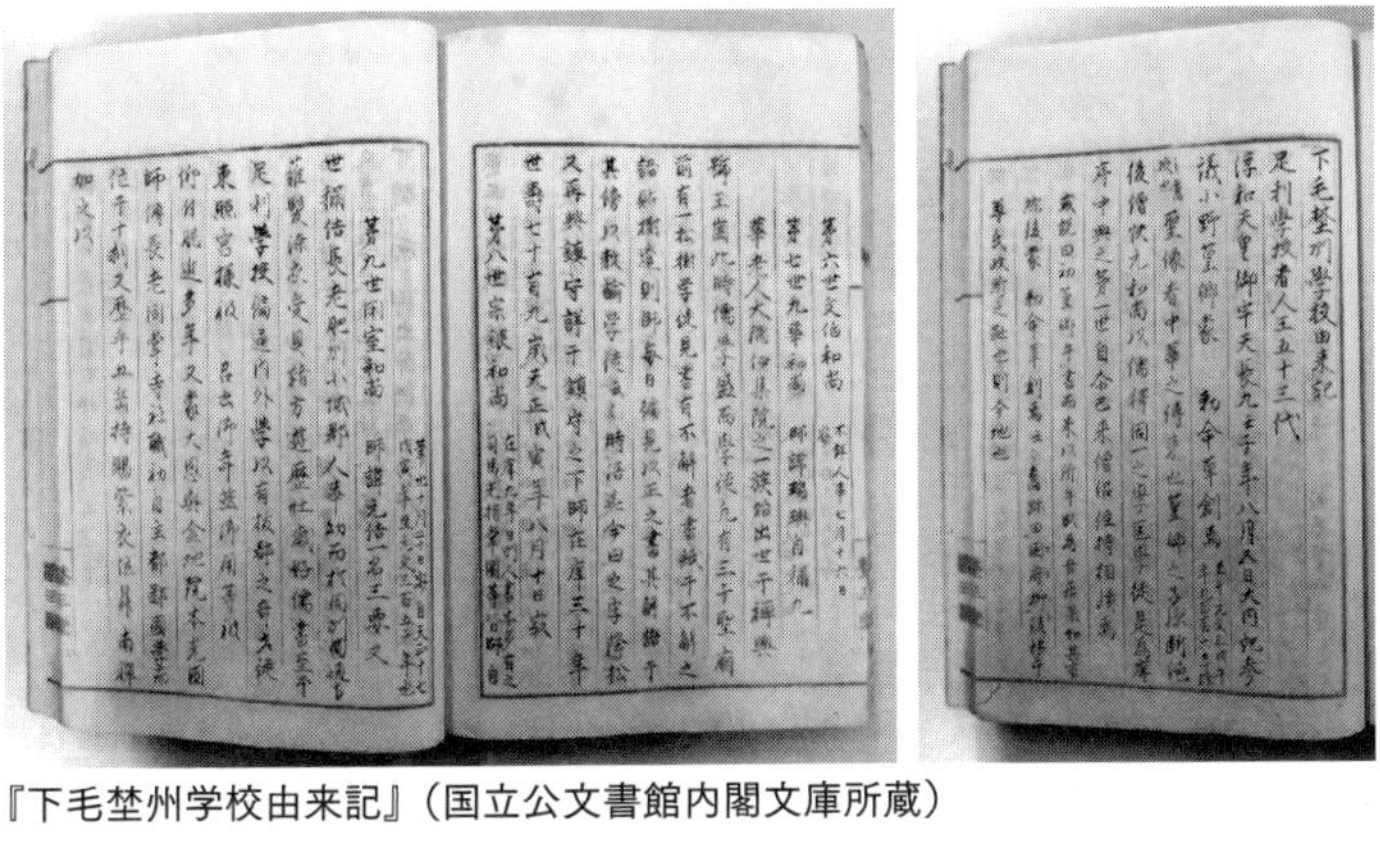
『下毛埜州学校由来記』（国立公文書館内閣文庫所蔵）

庠主歴代	名（道号）	法諱	号	庠主就任年	主な弟子
1	快元			永享11年（1439）	如道　砭愚　浦雲　祖養　柏舟　葭玉　曇英
2	天矣			文明元年（1469）	大奇　一牛　西燕　一華　天輔　宗理　器朴　陰甫　厳超　田代三喜
3	南計			延徳3年（1491）	乾翁
4	九天			永正3年（1506）	功甫　授生　芳卿
5	東井	之好		永正6年（1509）	羊角　不孤　東明
6	文伯			大永5年（1525）	菊径　景欧　賢浦　鶴翁　太玄　天沢　玉仲　白鷗　周厚　曲直瀬道三
7	玉崗	瑞璵	九華	天文19年（1550）	九海　九益　真瑞　文石　周長　乾室　承貞　以継　驢雪　古渓　熙春　春岳　円智　涸轍　天海　蘆栖　三要　寒松
8	宗銀			天正6年（1578）	魯窮　英文　龍誉　松月　不鉄
9	閑室	元佶	三要	天正14年（1586）	良印　柘俊　西嶂

足利学校庠主歴代（第9世まで）

列子《れっし》・荘子《そうし》・老子《ろうし》・史記《しき》・文選《もんぜん》となり、いずれも漢籍であった。

なお、この文安三年の段階では「武経七書」はまだ入っていない。のちの戦国時代になり、卒業生が戦国大名に迎えられていく傾向が顕著になり、いわば就職対策として「武経七書」の習得も大きな位置づけを与えられるようになったものと思われる。

足利学校が易学、すなわち占筮術の研究・教育センターとなっていたことは、すでにみたように、第一世庠主が易学の権威快元だったことによって明らかである。そして、易学は単に易学として独立していたわけではなく、兵学とも密接につながっていたのである。その点を、川瀬一馬氏は、

『増補新訂 足利学校の研究』（講談社）で、「九華の時代には易学を究極とする漢学教授の中に、併せて兵書並びに医書等も亦、一科として講ぜられており、これは前代より行われていたものと推定せられるのであるが、この種の書籍の講義は、元来易学を教授すれば、自らこれに伴って併置せらるべき性質のものであったのである」とし、「来学者の主要なる学修目的は、易学即ち占筮にあり、兼ねて又、兵書を受講するにあったのである。勿論、自己修身のために儒学の素養を受けようとし、漢学そのものの教授を望んで参学した者も存在したであろうが、多くの学徒は、それよりも直ちに社会の要求に答え得べき、（殊に武家社会の要望に応じ得べき）実用の学（易筮）を望んで学校へ蝟集したのである」と述べ、さらに次のようにまとめている。

室町時代の武将は、何れも、その戦闘において占筮を必須の条件とした。その占筮に頼る根本は、戦闘が「勝負」という人力では如何ともし難い運命を超自然の力に俟つ所にあるが、又占筮を必須とするのは、一般すべての日常生活そのものが陰陽思想に支配せられている結果であって、これは武家において唯に室町時代のみならず、平安中期武士階級勃興以来の現象であり、それは所謂「軍配《ぐんばい》」（軍敗とも）思想の形によって最も著しく現れているのである。即ち、この軍配思想なるものは、上代以来、我が国民の間に広く且つ滲透し、その生活を根本的に支配していた陰陽思想の現れの一端に外ならず、我が上代以来、殊に文献に拠って知られる所は、平安中期以後頗る盛んであるが、国民は凡て日常、陰陽思想に律せられた生活を行っていたのであって、源為憲所撰の口遊《くちずさみ》（陰陽門の部）・三善為康所抄の掌中歴、平安末期に成った二中歴等、少しく降って、鎌倉極末期に編まれた拾芥抄等に記載せられた所を見れば、一切の日常生活が、如何に陰陽道の指示する諸種の細規のために拘束せられていたかが判るのである。そのため又、正式の占筮の法の他に、各種の占法等も発生するに至っている。伴信友撰正卜考参照。冠婚喪祭は言うに及ばず、外出・旅行等凡て陰陽師に日取方角等の吉凶を尋ね、又、異常なことが起ればこれを招いて解決せんとするのが一般であって、武人が戦闘に当っても亦、その開始の吉凶、日時の選定等、尽く卜筮の告示する所に基づいたのである。然しながら、特に戦闘においては、所謂兵は機を待って発すべく、必ずしも日次《ひなみ》の吉凶に拘泥し得ないことは、然るべき武将の自覚する所であって、古くは陸奥話記に伝える源頼義の話、東鑑に見える頼朝の話等、例証を挙げるまでもないことであるが、然もなお、それ等武将は陰陽師に必ず日次の吉凶の占定を仰ぎ、これに拠って行動せんとする傾向にある。

要するに、戦国時代における軍配思想と易が密接に結びついていたわけで、『易経』は必須の文献だったことになる。とはいえ、先に一部引用したところから明らかなように、『易経』は極めて難解である。そのため、足利学校で易学を学んだ軍配者が、軍師として戦国大名に招かれることになったのである。次にその実態をみておきたい。

軍配思想と易筮

足利学校の易学が、戦国大名に権威をもって迎えられていたことを物語る興味深いエピソードが『甲陽軍鑑』品第八にみえる。

甲州西郡十日市場と云ふ所に、徳厳《とくごん》と云ふ半俗有り。此者甲州市川の文殊へこもり、夢想に八卦を相伝仕りたりとて在所にて占を能《よく》致す。長坂長閑《ながさかちょうかん》今の徳厳を崇敬して、右判の兵庫が知行を徳厳に申てとらせんと約諾す。(中略)長坂長閑、右の徳厳がことを披露申す。信玄聞召、占は足利にて伝授かと尋させ給ふ。長閑承り、八卦にて候が、市川の文殊へこもり、夢想相伝とて種々上手のきどく有る証拠を半時斗《ばか》り申上る。信玄公聞召《きこしめ》し、長閑能く承れとて宣ふは、八卦と云ふ本は吾終《つい》にみたこともなけれ共、推量に云ふ。其本に、真に書たる文字少なし共、二三百もなきことは有るまじ。物を読むにも真に六ヶ敷物ぞ。又夢は定めなき者なり。そさう成るたとへに人に逢ても、早く別れたるは夢ほど逢たと云ふ者ぞ。然ば六ヶ敷き学文をめにもみへぬ文殊の夢に相伝は、皆偽りの至りなり。偽りを云ふ盗人に将たる者は対面せぬ者なり。其ごとく成る者は心きたなきゆへ、当座奇特有るとても、貪慾心深く、金銀を恵まば悪をも吉と云ふ。引出物あたへねば吉をも悪と云ふ者なり。

武田信玄の家臣長坂長閑（釣閑斎光堅《ちょうかんさいみつかた》）が徳厳という占者を推挙したことがあった。その時、信玄は「その者は足利学校で占を習得したのか」と聞いている。徳厳は足利学校では学んでおらず、自己流の八卦《はっか》を用いているということで、軍師として採用されなかった。つまり、信玄は足利学校の易を信用していたことがわかるのである。

もっとも、信玄のまわりには、足利学校卒業生だけではなく、『易経』についての知識を持っていた者は何人かいて、たとえば『甲陽軍鑑』品第四には、惟高妙安《いこうみょうあん》（一四八〇～一五六八。臨済宗の僧）と策彦周良《さくげんしゅうりょう》（一五〇一～一五七九。臨済宗の僧。大内義隆の遣明使節として二度渡明）の二人の禅僧の名前を挙げ、

……さて又右両和尚御異見のごとく、出陣前には易者に被二仰付一《おおせつけられ》、蓍《めと》を三処《どころ》にてと

り、二処を本になされ、或は八卦を考させ、当卦の守本尊に参詣有て、其後出陣被レ成《なされ》候事いつもなり。

と記されている。出陣を前に易者に占わせていたことがわかる。実際、出陣を前に占わせている文書がいくつかある。たとえば、永禄四年（一五六一）十二月、上野《こうずけ》（群馬県）に出陣した時、占いによって決めていたことが「松原神社文書」（『戦国遺文』武田氏編第一巻）によってわかる。以下、文書は読み下しにして引用する。

敬白願状

今度卜問最吉に任せ、吾が軍を上州に引卒するの日、松原上下大明神宝殿に詣ず。その意趣は、殆んど西牧・高田・諏方の三城、二十有日を経ずして或は幕下に降り、或は撃砕散亡てへり。偏に当社保護有るべし。

一、来三月興行すべし 三十三人苾蒭衆を集め、松原宝殿に於いて三十三部法華妙典を読踊すべきの事。

一、只今之を奉納す 太刀一腰・神馬三疋社納し奉るべきの事。この内壱疋壬戌二月五日社納し奉る所也。相残二疋は、諏方落居日奉納すべき者也。

右、願満昇平日、可合当者乂。

于時永禄四年辛酉

十一月二日　信玄（花押）

冒頭の文言から、「出陣を前にして吉凶を判断するための占いをしたら、最吉と出たので出陣することにした」と読みとれる。この場合、松原上下大明神の宝殿で占いが行われたことがわかる。

具体的な易者の名前がわかる文書もある。永禄十三年（一五七〇）と推定される「諏訪家旧蔵文書」（『戦国遺文』武田氏編第三巻）で、

猶々明日は未剋に来臨有り、霊前に於いて則ち丹祈を抽《ぬき》んぜられ、神卜問肝要たるべく候也。

今日は、終日御劬労察し存じ候。仍って先刻直談に覃《およ》ぶべきのところ、失念せしめ、只今紙上に顕わし候。そもそも津久井・上州両筋の事は、今日卜を致し置き候。豆州口の行末の占卜、一大事の様に候の間、叮嚀に天道に窺い、然《しか》して定め行うべきの筋に候。誠に申し兼ね候えども、明日午・未両刻の間に来過し、豆州表に向かい、干戈を動かすの是非、卜問希《こいねが》うところに候也。委曲面拝の砌を期し候。恐々敬白。

（永禄十三年カ）二月廿八日　信玄（花押）

（包紙うわ書）「（切封墨引）

智□（昌カ）院玉床下　信玄」

とある。

相模の津久井攻め、上州攻めのことについて占ってもらったが、さらに豆州口を攻めることの是非について智昌院に占ってもらいたいという内容である。

信玄は、この前年、すなわち永禄十二年（一五六九）十二月に駿河に入り、そこで年を越し、正月四日に花沢城《はなざわ》（静岡県焼津市）を攻め、八日にそれを落とし、二月の初めには今川方だった徳一色城《とくいっしき》（静岡県藤枝市）を落とし、そこを田中城と名づけ、重臣の三枝虎吉《さえぐさとらよし》のほか、今川方から寝返ってきた朝比奈信置《あさひなのぶおき》・同輝勝《てるかつ》らを置き、二月二十二日に甲斐の躑躅ヶ崎館《つつじがさき》に兵を戻している。

この時、信玄は智昌院を呼び、伊豆攻めの吉凶を占わせたわけであるが、吉と出たのであろう。あまり兵を休める間もなく、四月には再び駿河に出陣し、五月十四日には、北条氏の軍勢と駿河の吉原《よしはら》（静岡県富士市）で戦い、さらに沼津から伊豆の田方郡《たがた》に進んでいるのである。占いで吉と出たから始まった軍事行動というわけで、八月三日には、信玄自ら駿河・伊豆の国境近くを流れる黄瀬川《きせがわ》に布陣して、北条方と対峙し、勝頼と小山田信茂《おやまだのぶしげ》・山県昌景《やまがたまさかげ》らに命じて北条方の伊豆における拠点の韮山城《にらやま》（静岡県伊豆の国市）を攻めさせているのである。信玄が占いの結果をもとに軍事行動を起こしていたことが明らかであろう。

なお、菅原正子氏は『占いと中世人』（講談社現代新書）の中で、信玄は、易占いを僧に行わせていただけでなく、自らも占筮を行っていたのではないかと指摘し、その論拠として、『易経』を習得していたことを挙げている。

信玄の七回忌にあたり、恵林寺《えりんじ》住持の快川紹喜《かいせんじょうき》は、「天正玄公仏事法語」（『甲斐叢書』第八巻）の「散説」の中で、

……大居士は一仏二菩薩の化現にあらず、百千万億仏の化現なり（中略）。和歌を詠じ、唐詩を賦し、伎芸を嗜《たしな》み、兵書を読み、書翰を工《たく》みにし、弓馬を伝え、しこうして四書・六経・諸史・百家の書、尽《ことごと》く学ばざることなし。

と述べている。『易経』はよく読み、自分の指針にしていたのではなかろうか。

ところで、『易経』が戦国武将たちの間で読まれ、自分たちの行動や考え方の指針にしていたという例がほかにもある。戦国大名北条氏の一族武将北条氏繁《うじしげ》の場合である。氏繁は、北条氏二代氏綱《うじつな》の女婿に迎えられた北条綱成《つなしげ》の子で、父から相模玉縄《たまなわ》城（神奈川県鎌倉市）の城主の地位を譲られ、北条氏の北武蔵・上野・下野方面への進出で功を挙げている。

その氏繁が自らの印判に選んだのが「顚趾利出否」であった。印判の印文は、織田信長の「天下布武」のように、自分のスローガンを選ぶことがあるが、この「顚趾利出否」と

は、どういう意味なのか、出典は何なのか、長く、戦国武将文書の研究者の間でも謎とされていた。これを解明したのは太田晶二郎氏で、氏の「北条氏繁印判の印文解説」（『日本歴史』二七〇号）によって、『易経』から採ったものだということがわかった。

『易経』の「鼎《てい》」のところに、

初六。鼎顚趾。利出否。得妾以其子。无咎。
象曰、鼎顚趾、未悖也。利出否、以従貴也。

とあり、読み方は、

初六。鼎趾《かなえあし》を顚《さか》しまにす。否を出すに利《よ》ろし。妾を得てその子に以《およ》ぶ。咎なし。
象に曰く、鼎趾を顚しまにすとは、いまだ悖《もと》らざるなり。否を出すに利ろしとは、もって貴に従うなり。

となる。

鼎というのは周知のように、中国で食糧を貯蔵したり、煮炊きする時に用いるもので、その鼎の趾、すなわち脚を逆さまにするということは鼎をひっくり返すことであり、鼎をひっくり返すことによって、その中にあった「否」、つまり古いものや腐ったものを外に出すことができるというこ

北条氏繁印判
「顚趾利出否」

とである。

　これがもののたとえであることは一目瞭然であろう。要するに、鼎とは既存の体制とか、秩序といったものであり、その古い体制や秩序を壊すことによって刷新することができる、ということをたとえたもので、革新思想を端的に示しているものといえるだろう。武将たちにしてみれば、自分たちの下剋上を正当化する論理的支柱ともなったわけである。「顚趾利出否」という印文からは「世の中を変えてやろう」といった戦国武将の意気込みのようなものが伝わってくる。そうした言葉が『易経』にあったということも興味深いし、そうした言葉を探し出し、自分の印判の印文にしたというのもおもしろい。

徳川家康と閑室元佶の易筮

　徳川家康は、戦国武将の中では一番といってよいほど占いを用いていたことで知られる。たとえば、天正十四年（一五八六）に居城を浜松から駿府へ移す時、『御当家紀年録《ごとうけきねんろく》』によると、家康は占い師に占わせ、家康自身は、東海道をそのまま東に向かい、駿府に行ってよいが、子の秀忠は、一度浜松から南に向かい、遠州灘沿いを東に進み、駿府近くなって北上するというルートを取らなければならないと言われ、その通りにしているのである。平安時代の貴族たちがやった方違え《かたたが》と同じで、陰陽師《おんみょうじ》が説いた通りのことをやっていたことがわかる。

その家康が最も頼りとしたのが閑室元佶《かんしつげんけつ》、すなわち三要《さんよう》である。元佶は足利学校の第九世庠主《しょうしゅ》であった。まず、その略歴を追ってみよう。『鍋島勝茂公譜考補』および『下毛埜州学校由来記』『住持世譜略』によってかなりのことがわかる。

生まれは天文十七年（一五四八）で、肥前国小城《おぎ》郡晴気《はるけ》城（佐賀県小城市）の城主千葉胤連《たねただ》の家臣野辺田伝之助の子ということになっているが、実際は胤連のご落胤だという。つまり、胤連の側室が懐妊したまま伝之助に下げ渡され、そこで生まれたという。いわゆる拝領妻というわけで

閑室元佶肖像（三岳寺所蔵）

ある。

子どもの時、千葉氏の菩提寺である円通寺《えんつうじ》の塔頭《たっちゅう》養源院《ようげんいん》で出家し、のちに足利学校へ入学している。入学した年についてははっきりわからないが、永禄年間（一五五八〜七〇）で、足利学校第十世龍派禅珠《りゅうはぜんしゅ》（一五四九〜一六三六）の「寒松稿」によって、天正五年（一五七七）の頃には足利学校で『易経』の講義を受けていたことがわかる。第七世玉崗瑞璵《ぎょくこうずいよ》、すなわち、その頃の易学の第一人者九華《きゅうか》の弟子であり、抜群の出来だったので、生徒であるにもかかわらず、庠主に代わって講義をしたこともあったという。

もっとも、元佶の場合、ずっと足利学校にいたわけではなく、鎌倉の建長寺《けんちょうじ》や京都の南禅寺《なんぜんじ》に入ったこともある。足利学校の第九世庠主になった年については天正十四年（一五八六）説、同十五年説の二つがあるが、いずれにせよ、元佶が庠主だった天正十八年（一五九〇）、足利学校は存亡の危機に立たされている。

足利学校は、上杉氏のあと、関東を支配していた戦国大名北条氏の保護を受けていた。その北条氏が豊臣秀吉に攻められ、滅亡してしまったため、財政基盤を失った形となってしまう。まさに、学校そのものが存続できるかどうかの瀬戸際に立たされた時、救世主が現れた。豊臣秀吉の甥秀次《ひでつぐ》である。

秀次は、翌天正十九年六月、陸奥国で起こった九戸政実《くのへまさざね》の乱を鎮圧して凱旋する途中、足利学校に立ち寄り、庠主の元佶から学校の窮状を聞かされ、学領として百石の寄進を申し出るとともに、書籍に関心を持った秀次は、元佶を伴って帰京することにし、その時、孔子の画像や六経（『詩経』『書経』『易経』『春秋』『礼記』『楽経』）の内、『楽経』を除く五経を京都に運ばせている。これは、秀次による漢籍の略奪ともいえる行為で、徳川家の正史『徳川実紀』の「東照宮御実紀附録巻二十三」では批判的に次のように書かれている（適宜読点を加えた）。

下野足利の学校は、小野篁が創建より以来、千余年の星霜をへて、年久しき旧跡なれば、上古より伝来の典籍どもあまた収貯せしが、関白秀次東奥へ下向のとき立よられしに、そのとき寮主元佶関白の意に応じ、陪従して京に参りしに、学校の古書旧物どもあまたもたらせのぼりしことを聞しめして、御けしきよからず。その後秀次太閤の旨にそむき、罪蒙りて高野山に赴かれしかば、元佶も遠く謫せられしとき、城氏月斎をして元佶を責問したまひ、古来より伝へし四幅の聖像、五経注疏をはじめ、種々の旧物をめしのぼせて、もとのごとく学校に返し附せらる。

前述したように、小野篁創建というのは間違いであるが、秀次が足利学校の漢籍を京都に運ばせたというのは確かである。「御けしきよからず」とあるように、家康としては、秀次のこの行為を批判的に見ていたことがわかる。

秀次はこの時期、五山文学を復興しようとしたり、謡曲注釈書『謡抄《うたいしょう》』の編纂をするなど、文化面・文芸面での功績は大きく、五経を運ばせたことも単なる略奪とは違う側面はあったが、文禄四年（一五九五）七月三日、「秀次に謀反の疑いあり」ということで詰問を受け、その後、高野山に送られて、七月十五日、高野山で切腹させられているのである。元佶も高野山まで従っているが、連座はまぬがれ、しばらく高野山にとどまっている。

慶長二年（一五九七）、元佶は高野山を出て、『言経卿記《ときつねきょうき》』（公家の山科《やましな》言経の日記）によると、その年の十月二十四日に徳川家康の前で『毛詩《もうし》』を講じていたことがわかる。『毛詩』というのは五経の一つ『詩経』のことであり、『言経卿記』によれば、翌三年三月三十日、四月四日、十一日、五月十四日、六月五日、七月九日とたびたび家康に『毛詩』を講じており、その間、六月二十一日には、家康の子秀忠に『六韜』を講じていた。

翌慶長三年（一五九八）八月十八日に豊臣秀吉が亡くなると、家康と石田三成との確執は大きくなり、結局、豊臣家世襲路線の三成と、「天下は実力ある者のまわり持ち」と考える家康との意識の差は縮まらず、二年後の慶長五年（一六〇〇）九月十五日に関ケ原の戦いを迎えることとなる。注目されるのは、その関ケ原の戦いにあたり、元佶が家康の求めに応じて、出陣の日取りを占っている点である。『下毛埜州学校由来記』には、

一、関ケ原　御出陣供奉之節、白練絹、朱丸之内以御直筆書、学之一字指物賜之、毎度御出陣之節、日取　御吉凶等、考へ差上之也。

とあり、元佶が占った「日取」というのが、江戸城を出陣する九月一日のことをいうのか、戦いのあった九月十五日のことをいうのか、これだけの記述ではわからないが、家康にしてみれば、「関ケ原の勝利は元佶が日取を占ったおかげだ」という思いがあったことは事実と思われる。

前述したように家康は、京都伏見に足利学校の分校ともいうべき円光寺《えんこうじ》学校を作り、また、そこで印刷事業を展開させている。印刷事業についてはあとで触れたい。

足利義政にライバル心を持った信長

現在、岐阜市教育委員会が織田信長の居城だった岐阜城の居館部分を発掘調査している。私も、史跡岐阜城跡整備委員会の委員として頻繁に発掘現場を訪れているが、そんなに広くない空間に、これまで庭が四ヵ所も出てきて、正直、びっくりしている。

しかも、その庭の一つは、京都の足利義政が作庭した東山銀閣の庭に似ているのである。信長が足利義政を強く意識していたからではないかと思われる。

信長の茶の湯好きは有名で、「茶の湯御政道」などともいわれている。今井宗久《そうきゅう》や千利休らから手ほどきを受けたからというのが通説となっている。しかし、もしかしたら、義政所持のいわゆる東山御物《ごもつ》が民間に流れたのを知って、義政が持っていたものを自分も持ちたいと考えたためかもしれない。

実は、奈良正倉院の有名な香木である蘭奢待《らんじゃたい》も、義政の次に切り取ったのが信長だったのである。

五、幅広く読まれていた中国の典籍

武田信繁の家訓から

武田信繁《のぶしげ》は甲斐の戦国大名武田信虎《のぶとら》の二男で、大永五年（一五二五）の生まれである。信玄の弟で、信虎は弟信繁の方に家督を譲りたかったようであるが、信繁は常に兄の信玄を立てて、その補佐役として、武田領国の拡充・維持に貢献している。永禄四年（一五六一）九月十日の第四次川中島の戦いで戦死してしまうが、亡くなる三年前の永禄元年（一五五八）四月、「古典厩《こてんきゅう》より子息長老江異見九十九箇条之事」という家訓を残している。

古典厩というのが信繁のことである。信繁は官途《かんと》の左馬助《さまのすけ》を名乗り、左右馬寮の唐名《とうみょう》が典厩で、子の信豊《のぶとよ》も左馬助を名乗り、典厩と呼ばれたため、古い典厩の意味で、自らを古典厩と称したのである。したがって、この家訓は、信繁が子信豊と、その家臣たちに与えたものである。兄信玄が「甲州法度之次第」という家法（分国法）を制定し、弟信繁が家訓を残したというわけである。

表題の通り、全文九十九ヵ条からなる家訓で、文章は和様漢文で書かれ、随所に『論語』や『史記』など、中国の典籍が引用されており、内容豊富な家訓としても注目される。序を、信玄の師でもある岐秀元伯《ぎしゅうげんぱく》の法嗣《はっす》で、長禅寺二世、のちには妙心寺の四十八世住持にも就いた春国光新《しゅんこくこうしん》が書いている。この家訓の持つ意味と、信繁の人物像を端的に表現しているので、読み下しにして引用しておきたい。

> 天地の間、万物あり。万物の中、霊長あり。名づけて此れを人倫という。人倫司業あり。五常なり、六芸なり。習わずんばあるべからず。父能《よ》く伝うれば、子能く記す。ここに武田信繁、文あり、武あり、礼あり、義あり。其の世子を諱して長老と称す。敏にして学を好むこと、玉の盤を走るが如く、錐《きり》の嚢《ふくろ》を脱するが如し。孜々《しし》として倦《う》まず、誨ゆるに九十九件の品目を以てす。まことに韋賢満籯《いけんまんえい》の諺、孟母断機の戒、豈《あに》遠からんや。学は啻《ただ》に身を潤すのみにあらず、国家を興隆して子孫を繁栄するのもとなり。本立って道生《な》るときは、乾坤を掌握に運らし、古今を胸中に通ず。また道なら

ざらんや。ああ巻を出でずして天下を知る。其れ唯此一箇か。大いなる哉、到れる哉。
惟れ時永禄元年戊午蕤賓中澣《すいひんちゅうかん》。竜山子謹んで誌す。

この「竜山子」というのが誰なのか、しばらく謎とされていたが、禅宗史の桃裕行・玉村竹二両氏、および武田氏研究者の佐藤八郎氏によって春国光新と確定した（佐藤八郎「武田信繁とその家訓」〔『武田信玄とその周辺』新人物往来社〕）。

文中、「韋賢満籯の諺」というのは、『漢書』の韋賢伝にある故事で、「子に残す籠いっぱいの黄金も、一巻の経書を残す利益には及ばない」というもので、子をよく教育することが最大の遺産になるという意味である。この「古典厩より子息長老江異見九十九箇条之事」は、まさにそれだということになる。

この信繁の家訓で注目されるのは、初めに自分の文章があり、そのあとに、それを補足する形で中国の古典籍が引用されている点である。第一条目のみ、原文と、その読み下しを掲げておく。

(1)一、奉リレ対ニ屋形様一ニ、尽未来不ルレ可ラレ有ルニ逆意一事、論語ニ云、造次ニモ必スレ於テシ是ニ顚沛ニモ必スレ於テス是ニ亦タ云ウ、事マツルニレ君ニ能ク致ストニ其ノ身一ヲ。

(1)一、屋形様に対し奉り、尽未来《じんみらい》逆意有るべからざる事。論語に云う。造次《ぞうじ》にも必ず是に於てし、顚沛《てんぱい》にも必ず是に於てすと。亦《ま》た云う。君に事《つか》まつるに能《よ》く其の身を致すと。

第二条以下、いくつか読み下しにしたものだけ引用しておく。

(2)一、戦場に於て聊《いささ》か未練をなすべからざる事。呉子に曰く。生を必すれば則ち死す。死を必すれば則ち生く。

(3)一、油断無く行義を嗜《たしな》むべき事。史記に云く。其の身正しきときは令せずして行わる。其の身正しからざるときは令すと雖《いえど》も従がわず。

(4)一、武勇専《もっぱ》ら嗜むべき事。三略に云く。強将下に弱兵無し。

(7)一、兄弟に対し、聊も疎略すべからざる事。後漢書に云く。兄弟は左右の手也。

ここに引用しただけでも、『論語』『呉子』『史記』『後漢書』からの例文がみえる。左の表で明らかなように、『論語』が一番多く、それに次いで『三略』が多い。『六韜』の引用がなく、『孫子』が一ヵ条だけというのはやや意外な感じもするが、いわゆる「古典」と「歌」を除き、二十二種の中国の古典籍が引用されているのは驚きである。戦国武将たちの読書傾向を知る一つのバロメーターになるのではないかと思われる。

信繁が中国の古典籍をどのように習得していたかはわからないが、兄の信玄については

『甲陽軍鑑』の記述からある程度のことがわかる。兄弟ともに机を並べて禅僧の講義を受けたこともあるのではないかと思われる。

『甲陽軍鑑』品第四「晴信公卅一歳にて発心有て信玄と号する事」の項で、岐秀元伯から『碧巌録《へきがんろく》』の講義を受けていたことがわかる。すなわち、

さて又信玄の玄の字は、大唐にては臨済義玄の玄なり。日本にては関山《かんざん》慧玄《えげん》の玄の字を付まいらせられ候。是は都妙心寺派の岐秀和尚のつけ給ふ。此和尚の下にて碧岩《へきがん》七

書名	引用条数
論語	1・6・10・11・13・15 23・26・27・28・29 39・40・41・42・47 49・50・51・52・53 55・60・61・66・69 80・81・82・87・88 91・92・97・98
呉子	2
史記	3・14・64
三略	4・20・22・34・44・46 48・54・56・57・65・78
孫子	5
後漢書	7
応機	8
礼記	9
(歌)	12
(古語)	16・19・24・38・62・83 84・85・90
左伝	18・72
軍識	21・36・38
呂氏春秋	33
碧巌録	37・79
司馬法	43・45
易経	70
尚書	71
穀梁伝	73
漢書	74
孝経	75
巨軌	77
戦国策	93
兵書	96
孟子	99

「古典厩より子息長老江異見九十九箇条之事」引用書目

の巻まで参禅なされ候。

とあり、さらに、

さる程に信玄公、右両和尚の申さるゝごとく、長禅寺岐秀和尚へ御随身候て、一則の結縁に預《あずかる》べきとの御事にて、御出陣の間には、日々夜々の参禅学道他事なし。碧前の事申に及ばず、後には碧岩七の巻まで参得なされ、是非共参禅はたし可レ被レ成と無二に此事を御執心候。岐秀和尚信玄公へ被レ仰ハ、参禅は七の巻までに被レ成、可レ然候とある御異見と前に惟高・策諺《(彦)》の御異見と首尾あひ候とて、碧岩七の巻にて参禅おはる。

と記されている。

ここに「碧岩」とあるのが『碧巖録』のことで、『碧巖集』とされることもある。中国の宋代に編纂された仏書で、特に臨済宗では重視されていた典籍である。

従来、幼児期の上杉謙信を育てた天室光育《てんしつこういく》（一五頁参照）と並び、幼児期の武田信玄を育てたのがこの岐秀元伯といわれていたが、『碧巖録』は難解であり、幼児期に学んだとは考えられない。実は、天文二十一年（一五五二）、信玄の母大井夫人が亡くなった時の葬儀で岐秀が導師を務めており、信玄は、亡き母のため、それまで鮎沢《あゆさわ》（山梨県南アルプス市）

にあった長禅寺《ちょうぜんじ》を甲府に移し、岐秀をその開山としているので、その頃、岐秀から『碧巌録』の講義を受けたものと考えられる。永禄四年に討ち死にする信繁とも接点があるので、信繁も、岐秀およびその法嗣の春国光新から教えを受けていた可能性は高い。

ちなみに、『碧巌録』の引用は全九十九ヵ条の第三十七条と第七十九条の二ヵ所である。第三十七条の方を原文のまま引用しておく。

(37) 一、対シ二他家ノ人一ニ家中之悪事、努々不レ可レ語ル事、云、好事不レ出レ門ニ、悪事行ク二千里一ヲ、碧巌ニ云、家醜莫レ二向レ外揚一ルコト。

「三史」といわれた『史記』『漢書』『後漢書』

武田信繁の家訓「古典厩より子息長老江異見九十九箇条之事」にも引用されているが、中国の歴史書も戦国武将たちはよく読んでいた。中でも、『史記』『漢書』『後漢書』の三つは特に「三史」といわれ、必読文献のような扱いを受けていたのである。

『史記』は司馬遷《しばせん》の著わしたもので、それこそ中国の太古の昔から前漢の前半までの歴史が描かれている。この『史記』と時代は一部重なるが、前漢（BC二〇六～AD八）の歴

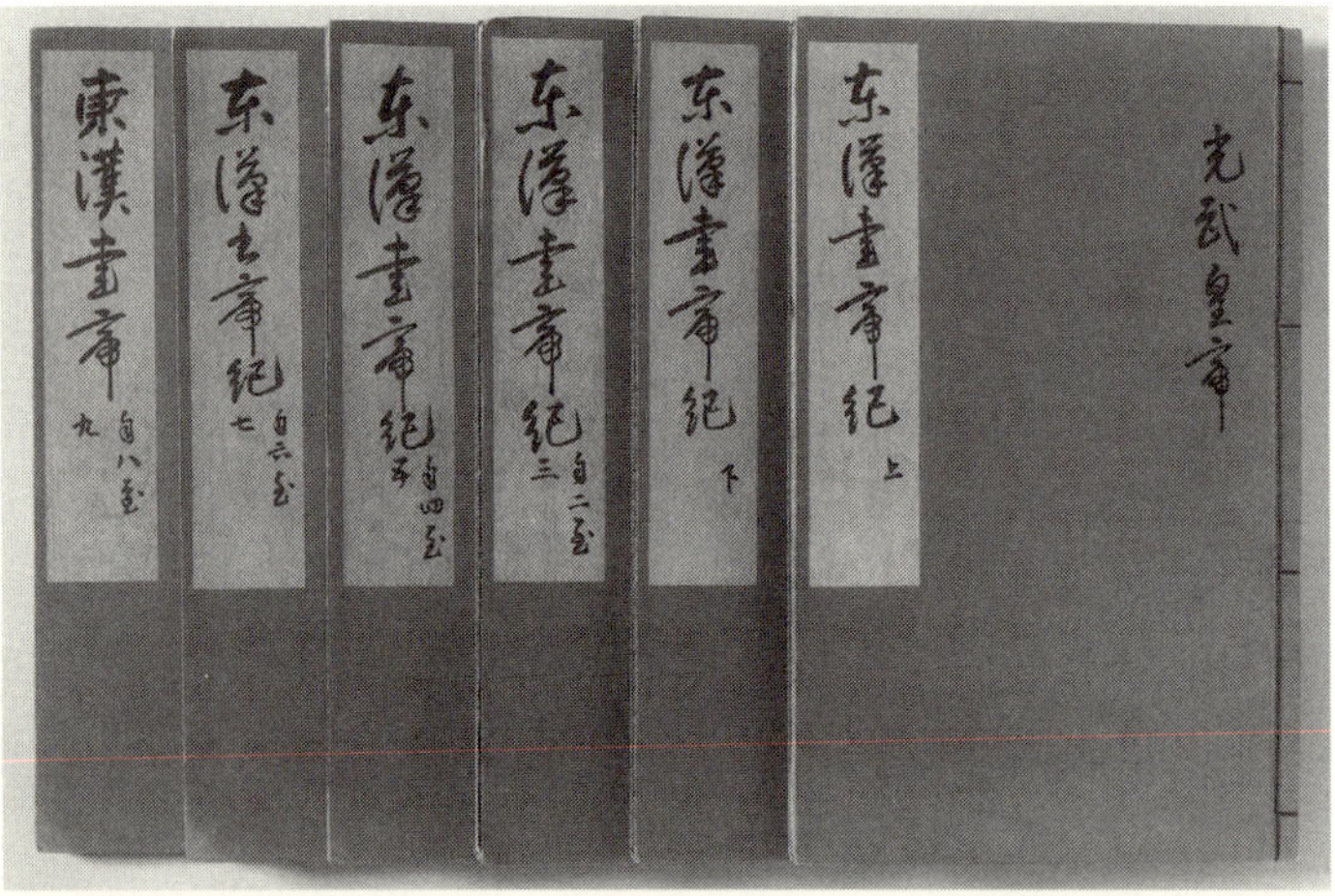

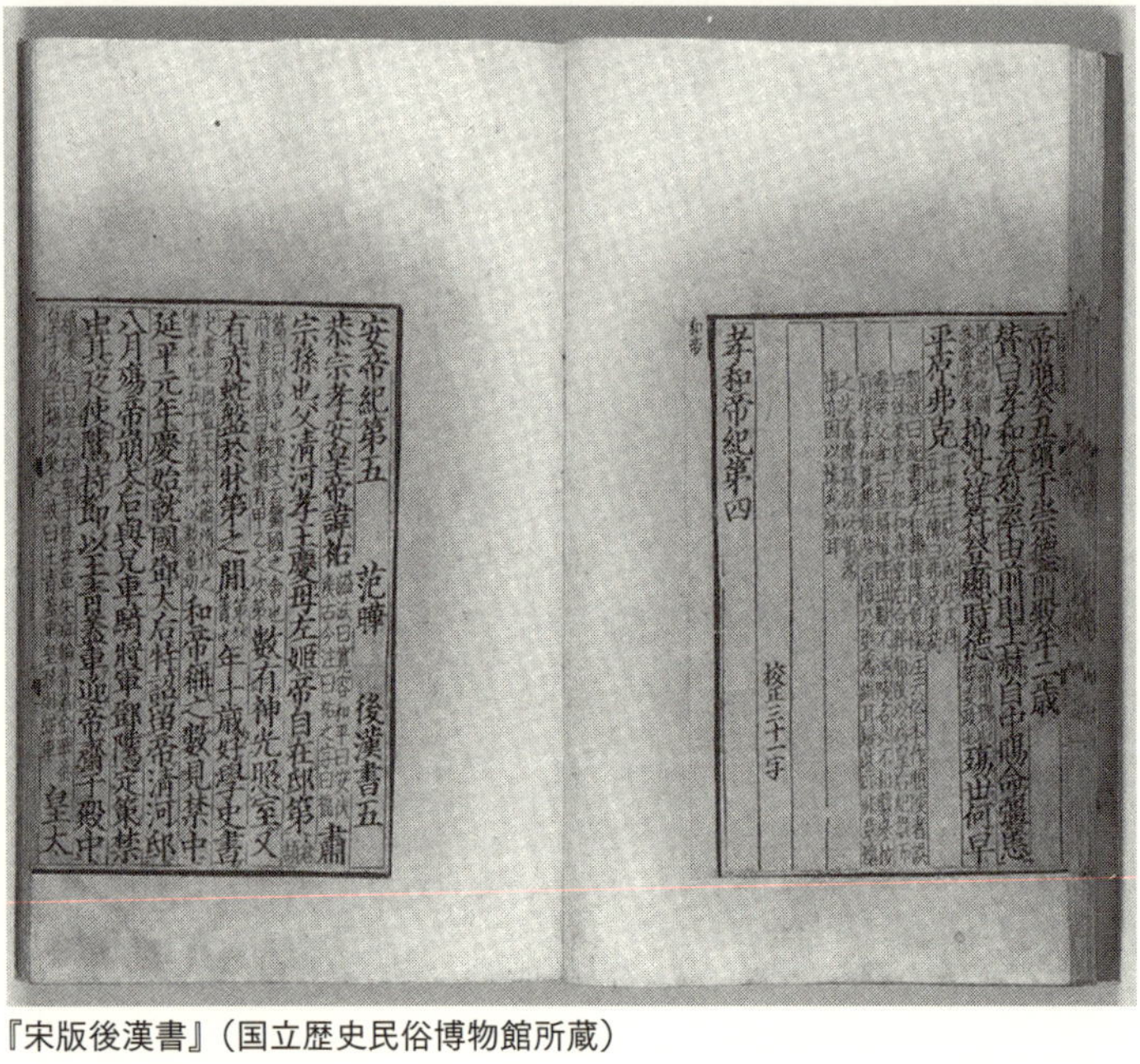

『宋版後漢書』(国立歴史民俗博物館所蔵)

史を綴ったのが『漢書』で、これは、後漢の班固《はんご》が父班彪《はんぴょう》の仕事を引き継ぎ、妹の班昭《はんしょう》が補って完成させたものである。

もう一つの『後漢書』は、後漢（二五〜二二〇）の歴史書で、南宋の范曄《はんよう》、晋《しん》の司馬彪《ひょう》らによってまとめられている。このあと、『三国史』や『晋書《しんじょ》』も正史と認定されたが、「三史」というのは『史記』『漢書』『後漢書』の三つだけであった。中国では、科挙《かきょ》試験でこれらの史書が課されることがあったのでよく読まれ、わが国でも「三史」が史書の規範として、ほかの史書とは異なる扱いを受けていたのである。

ちなみに、直江兼続《なおえかねつぐ》が京都妙心寺《みょうしんじ》の南化玄興《なんかげんこう》から譲られた『宋版史記』『宋版漢書』『宋版後漢書』は、いずれも現在は国立歴史民俗博物館の所蔵で、国宝となっている。

では、戦国武将たちは「三史」をどのように読んでいたのだろうか。興味深い例があるので、少しくわしく追いかけてみたい。

戦国大名北条氏の一族武将に北条氏光《うじみつ》がいる。系図にすると次頁のようになり、北条氏三代目の氏康《うじやす》の子で、四代目を継いだ氏政《うじまさ》の弟である。その氏光が「桐圭」という印文を彫った印判状を用いており、その印文「桐圭」が『史記』に由来するものだという研究がある（相田二郎「北条氏の印判に関す

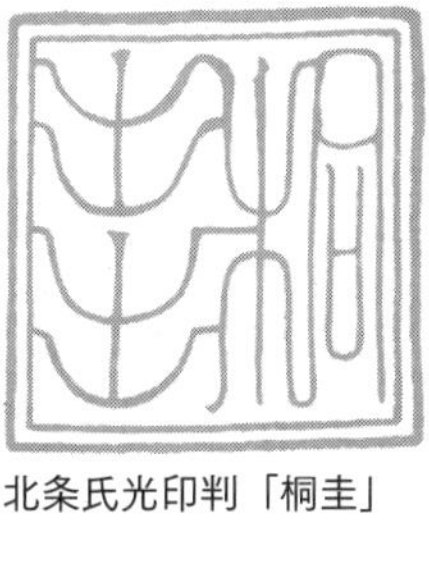

北条氏光印判「桐圭」

北条氏略系図

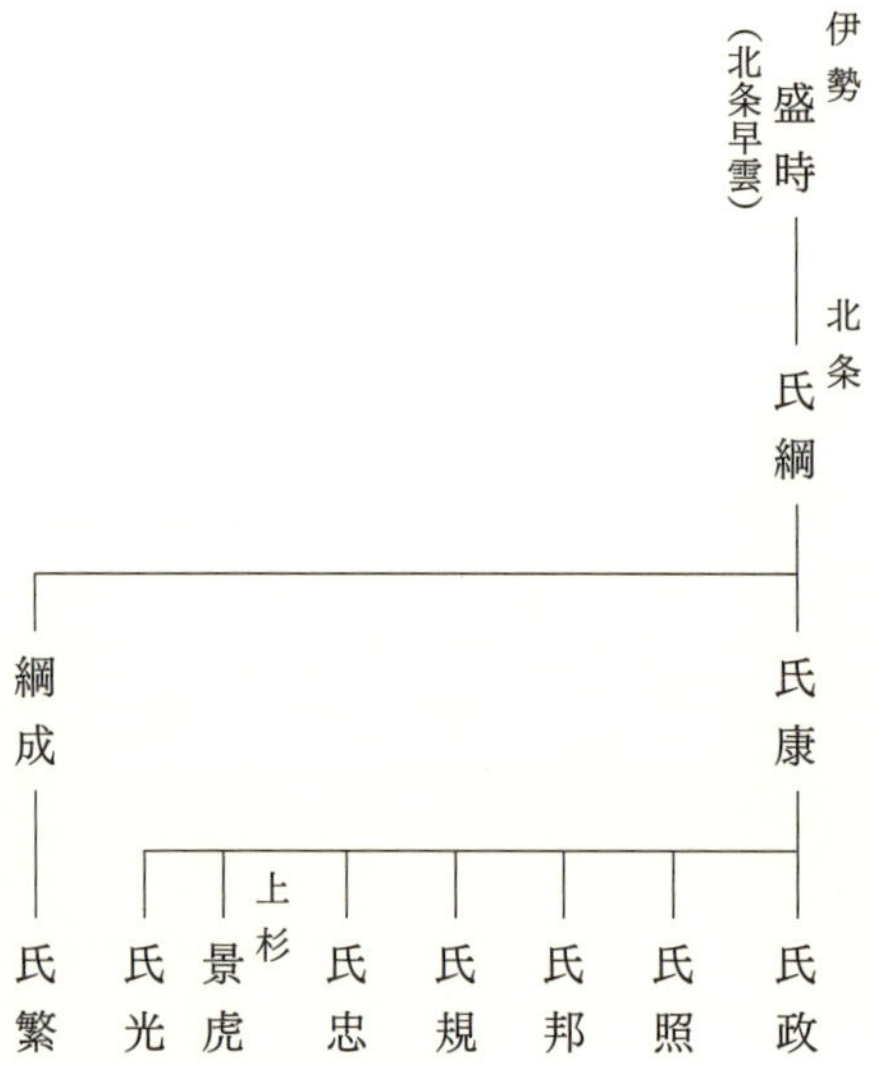

る研究」（『史学雑誌』第四六編第八～一〇号）。ただ、相田氏は氏光ではなく、氏堯《うじたか》の印判としているが、その後の研究によって、現在では氏光の印判とされているので、ここでは氏光の印判として話を進める。

氏光は、元亀元年（一五七〇）の駿河深沢《ふかさわ》城（静岡県御殿場市）の戦いに、後詰として出陣しており、やがて相模足《あし》柄《がら》城（神奈川県南足柄市）や伊豆戸《と》倉《くら》城（静岡県駿東郡清水町）などの守備についているが、兄の三郎が越相同盟、つまり、北条氏康・氏政と上杉謙信とが同盟を結んだ時、人質として越後に送られることになり、兄の三郎の跡を継ぎ、相模の小机城《こづくえ》（横浜市港北区）の城主となっているのである。三郎の小机城主時代の仮名《けみょう》はわからないが、越後の春日山城に入ると、謙信に気に入られ、謙信の若い頃の名乗りを与えられ、上杉景虎《かげとら》と名乗っている。

その弟の氏光は、三郎の妻だった女性（北条幻庵《げんあん》の娘）と再婚する形となり、兄三郎の居城だった小机城の城主となっているのである。実は、このことと「桐圭」印とが密接につながり、氏光が『史記』を読んでいたことも浮き彫りになってきたのである。前述したように、北条一族で、玉縄《たまなわ》城主だった北条氏繁《うじしげ》が『易経』から「顚趾利出否」の印文を撰んだように、氏光も『史記』から「桐圭」の印文を撰んでいたのである。

『史記』三十九、晋世家第九に、

唐叔虞者、周武王子、而成王弟（中略）、成王与叔虞戯、削桐葉為珪、以与叔虞曰、以此封若、史佚因請択日立叔虞、成王曰、吾与之戯耳、史佚曰、天子無戯言、言則史書之、礼成之楽歌之、於是遂封叔虞於唐、

とあり、ここに、「桐」という字と「珪」という字があるのに注目したい。「珪」と「圭」で少し違うが、これが「桐圭」という印文のもとになったものと考えられるのである。

この『史記』の意味するところは、周武王《ぶおう》の子成王《せいおう》は、弟の叔虞に桐の葉を削って珪を作り、それを与えて弟叔虞を唐王に封ずる約束をしていた。そして、その約束通り、弟でありながら叔虞が王位に就いたという。つまり、桐珪の約束によって弟が王位に就いた中

国の歴史と、氏光にしてみれば、兄三郎（上杉景虎）に代わって小机城主の地位に就いた自分を重ね合わせていたことがわかる。氏光の「桐圭」印使用の初見は元亀二年（一五七一）四月からで、兄三郎が人質に送られていったのが元亀元年四月なので、時期的にも符合し、氏光は、『史記』に描かれた成王とその弟叔虞との関係にわが身を置き換えていたものと思われる。『史記』に、このような読み方があったことをうかがえる興味深い例といえよう。

『詩経』の読まれ方

「五経」の一つである『詩経』も、中国の典籍の中ではよく読まれている。これは、中国最古の詩集とされているもので、孔子の編という。殷《いん》の時代から春秋時代までの詩三百五編を、風（民謡）・雅（宮廷の音楽）・頌《しょう》（祖先の徳をたたえる詩）の三部門に分類したものである。毛亨《もうこう》・毛萇《もうちょう》が伝えたということから別名の『毛詩《もうし》』の名でも広く知られている。一三六頁でもみたように、徳川家康も閑室元佶《かんしつげんけつ》から『毛詩』の講義を受けている。

『毛詩』の講義を受けていたことが文献的に知られているのは、能登の畠山《はたけやま》氏の場合である。ふつう「戦国三大文化」として、周防山口（山口市）の大内文化、駿河府中（静岡市）の今川文化、越前一乗谷《いちじょうだに》（福井市）の朝倉文化の三つが知られているが、これに能登七尾《ななお》（石川県七尾市）の畠山文化を入れ、「戦国四大文化」ということもある。能登の守護大名から戦国大名に成長した畠山氏は、文化人大名の典型例といってもよい。

中でも、畠山義総《よしふさ》は、『史記』を読み、『蒙求《もうぎゅう》』の講義を受けるなど、中国の古典籍を学習しており、その義総のために公家の清原宣賢《きよはらのぶかた》が「毛詩和注」を撰したことが、三条西《さんじょうにし》実隆《さねたか》の日記『実隆公記《さねたかこうき》』大永八年（一五二八）二月二十一日条にみえる。

ちなみに、この清原宣賢は神道家の吉田兼倶《よしだかねとも》の三男で、明経博士《みょうぎょうはかせ》清原宗賢の養子となったもので、儒学者として、公家や五山僧、さらにこの畠山義総のような戦国武将に「四書」「五経」を講義したことで知られている。『毛詩』の注釈書『毛詩抄《もうししょう》』は清原宣賢の著作である。

『詩経』すなわち『毛詩』が、当時の公家や戦国武将たちの間でよく読まれていたことがわかる例があるので紹介しておきたい。

駿河の戦国大名今川氏親《うじちか》の正室は京都の公家中御門宣胤《なかみかどのぶたね》の娘だった。名前は伝わらず、氏親が亡くなったあとで落飾《らくしょく》し、寿桂尼《じゅけいに》と名乗っているので、ここでは、寿桂尼としておくが、彼女は、夫の氏親死後、跡を継いだ子の氏輝《うじてる》が幼かったのと、病弱だったこともあり、氏輝に代わってしばらく政務を執ったことがあった。「駿府の尼御台《あまみだい》」などといわれ、今日では「女戦国大名」として知られている。

　その寿桂尼が、支配のために実際に文書を出しているが、女性であるために花押は使わず、印判を捺した印判状を出していたのである。そして、その印文「歸」は『詩経』からきていた。

『詩経』に「桃夭《とうよう》」という一篇があり、そこに、「桃の夭々たる灼《しゃく》々たりその花、之子《このこ》于《こ》に歸《とつ》ぐ、其の室家《しっか》に宜《よろ》し」とあるのが出典とされている。つまり、中御門宣胤が、わが娘を今川氏親に嫁がせるにあたり、この『詩経』から採った「歸」の字を印に彫らせ、それを持参させたというのである。

　夫の氏親が亡くなり、子の氏輝に代わって領国支配に関わる文書を出す必要に迫られた時、寿桂尼がこの「歸」の印を使用したというわけで、おそらく、今川領国下の人びとも、寿桂尼の印判状に捺された「歸」の字の由来は知らされていたものと思われる。

寿桂尼印判「歸」

直江兼続の『古文真宝後集抄』の書写

当時、戦国大名たちの間でよく読まれていたものに『古文真宝《こぶんしんぽう》』という本があった。これは、先秦以降宋までの詩文の選集で、宋の黄堅《こうけん》の編になるものである。前集十巻には古詩を、後集十巻には古文の模範となるものを集め、漢詩作り、漢文を書く際の手本とした。その『古文真宝』の注釈書が『古文真宝後集抄《こうしゅうしょう》』であった。

上杉景勝《かげかつ》の重臣筆頭で、執政といわれた直江兼続がこの『古文真宝後集抄』の書写をしていたことが知られている。

二三頁でみたように、兼続は少年時代、越後坂戸《さかど》城下の雲洞庵《うんとうあん》で北高全祝《ほっこうぜんしゅく》の教えを受けており、禅宗とそれに伴う儒学の素養があり、成人してからも中国の古典籍に対する造詣が深かった。主君上杉景勝が豊臣大名となったので、兼続も景勝と一緒に上洛することがあったが、天正十六年（一五八八）の上洛の時、京都の妙心寺に南化玄興《なんかげんこう》を訪ねているのである。雲洞庵は曹洞宗であり、妙心寺は臨済宗なので、「子どもの頃に習ったのと宗派が違うのではないか」といわれるかもしれないが、兼続としては、「どうせ門をたたくなら、禅宗の当代一流の禅僧に習いたい」と思ったのであろう。

なお、南化玄興は、『本朝高僧伝』（『大日本仏教全書』一〇三巻）では、「京兆妙心寺沙門宗興」となっていて、玄興をどういうわけか宗興と書き誤っているが、ほかの史料からも、法諱《ほうき》が玄興で、道号が南化であることは間違いない。

南化玄興肖像（隣華院所蔵）

その略伝によると、天文七年（一五三八）の生まれなので、兼続が訪ねてきた時、玄興は五十一歳で、すでに妙心寺の住持は退き、「前妙心住」という肩書きであった。若い頃、美濃の崇福寺《そうふくじ》（岐阜市）および甲斐の恵林寺《えりんじ》（山梨県甲州市）で快川紹喜《かいせんじょうき》に参じ、その印可《いんか》を得て、元亀元年（一五七〇）に妙心寺の住持になっている。

天正七年（一五七九）、安土城の天守が完成した時、織田信長はそれまで親交のあった京都天龍寺《てんりゅうじ》の策彦周良《さくげんしゅうりょう》（一五〇一～一五七九。臨済宗の僧）に、安土城を称える一文を起草するよう依頼しているが、策彦周良はそれを辞退し、代わりに玄興を推薦している。玄興が著わしたのが「安土山記」なので、信長も一目置いていた禅僧だったことは明らかである。

さて、妙心寺の玄興に参禅し、教えを受けた兼続であるが、教えを受けるとともに、玄興から『古文真宝後集抄』を借り受け、それを書写させている。「越後に戻ってからも読みたい」との一念だったと思われる。その熱心さに打たれた玄興は、書写された本に、

城州刺史直江兼続公は、北越賢守上杉宰相景勝卿の股肱の良臣なり

という一文を書き添えている。「城州刺史」とは山城守《やましろのかみ》の中国風表現である。兼続はそれ以前から私的に山城守を名乗っていたが、この時の上洛で、正式に朝廷から従五位下・山城守に任じられていた。兼続はいうまでもなく上杉景勝の家臣であり、陪臣にすぎないが、豊臣秀吉は山城守を奏請していたのである。

兼続が中国の古典籍に親しんだのは、一面で古典籍蒐集を趣味としていたからであるが、それだけではなかった。次第に儒学にのめり込んでいった様子がみられる。『先哲叢談《せんてつそうだん》』(『日本逸話大事典』第六巻所収)に興味深いエピソードが載っている。

慶長五年(一六〇〇)の関ケ原の戦いの少し前、景勝・兼続主従がまだ京・大坂に滞在中のことである。兼続が儒学者の藤原惺窩《ふじわらのせいか》を訪ねたことがあった。惺窩は、あとで触れるよ

うに、中国の政治論書『貞観政要《じょうがんせいよう》』を徳川家康に講義したことで知られる当代一の儒学者だった。兼続はどうしても惺窩の意見を聞きたいと考え、惺窩の自宅を訪ねている。

その日、惺窩は在宅していたが、訪ねてきたのが兼続だと知ると、居留守を使って会おうとしなかったという。居留守を三回使ったというのだから、訪ねる方も訪ねる方だし、居留守を使う方もよく使ったものだと思う。惺窩としては、兼続から「昨今の家康の行動は、儒学の立場からどうなのか」と切り出されるのを嫌って、兼続を避けていたのかもしれない。

その日はあきらめて帰った兼続であるが、別の日、もう一度惺窩のもとを訪ねている。ところが、その日は本当に惺窩は外出していた。兼続は応対に出た惺窩の弟子に、「私はこのまま会津に帰らなければなりません」と言い置いて去っていった。

帰宅した惺窩は、弟子から兼続の来訪のことを聞くと、何を思ったか、兼続のあとを追い、近江の大津で追いついた。兼続は惺窩に、「急いでいるので、一つだけ聞きたい」と、次のような質問をぶつけている。

夫《そ》れ絶えたるを継ぎ、傾けるを扶《たす》くるは、今の時に当つて将《まさ》に行ふ可きや否や。

要するに、兼続は、慶長三年(一五九八)の秀吉の死後、豊臣家が傾きつつあるという認識を持っていて、「傾きつつある豊臣家を助けるべきなのかどうなのか」との質問である。これに対して、『先哲叢談』は「惺窩答えず」とのみ記している。

兼続としては、これまで自分が何人もの禅僧から習い、身につけてきた儒学の教えに照らし、秀吉死後の家康による豊臣家簒奪《さんだつ》の動きをどうみたらよいのか、それを確かめたかったものと思われるが、惺窩からの答えはなかった。結局、兼続の最後の拠りどころは、上杉家の家風、つまり謙信以来の「義」だったのではないか。「義」を貫くため、家康との戦いも辞さずとの腹を固めることになったものと思われる。

徳川家康も学んだ『貞観政要』

この直江兼続のような例も入れれば、藤原惺窩と接触した戦国武将はかなりの数にのぼると思われる。昨今、「天空の城」として人気の高い但馬竹田城《たけだ》（兵庫県朝来市）の城主赤《あか》松広英《まつひろひで》あたりも惺窩の教えを受けている。しかし、惺窩といえば、やはり、何といっても徳川家康に『貞観政要』を講義したことが特筆される。

家康が惺窩から初めて『貞観政要』の講義を受けたのは、文禄二年（一五九三）のことであった。家康は前年三月に京都を出発し、秀吉が始めた文禄の役の前線基地である肥前名《な》護屋《ごや》（佐賀県唐津市）に在陣し、在陣中に惺窩から『貞観政要』の講義を受けている。文禄二年八月には京都へ戻り、十月に江戸へ帰り、十二月、江戸城で惺窩の講義を受けていたことが『惺窩文集《せいかぶんしゅう》』によってわかる。

『貞観政要』というのは、唐の太宗《たいそう》が群臣と政治上の得失を論じた際の言葉を集録したもので、いわば太宗の政治論が集約された、治政のための必見の書であった。なお、家康が名護屋滞陣中、惺窩と接触をもったのは、小早川秀秋《こばやかわひであき》との縁によるという。中村孝也氏の『徳川家康公伝』（日光東照宮社務所）に、

名護屋滞陣中、藤原惺窩を招じて聖学の精神を聴いた有名な話がある。惺窩は仏典・儒書に精通し、殊に朱子学の大家であったが、事によって時の関白豊臣秀次を避け、名護屋に下って、旧知なる小早川秀秋に身を寄せていたところ、これを知った公は、悦んでしばしば惺窩を引見し、礼を厚くして儒教の要を質し、深く敬重の念をいだくに至った。後年これを江戸に招聘しようとしたのは、このときの陣中講悦の感激に基づいたのである。武事あるものは必ず文事あり。公の学問好きはここにも現われているのである。

「公」とあるのは家康のことで、ここに書かれているように、家康は惺窩を召し抱えようとした。しかし、周知のように惺窩は辞退し、その代わりに弟子の林羅山《はやしらざん》を推薦し、林羅山が以後、家康の儒学の師となるのである。その羅山が提唱し、京都に学校を建て、その教授に惺窩を迎えようとしていたところ、惺窩が亡くなってしまい、沙汰やみになったこともある。そのあたりのいきさつが、『徳川実紀』の「東照宮御実紀附録巻二十二」に、次のようにみえる（適宜読点を加えた）。

藤原惺窩といへるは、名粛。字歛夫とて、下冷泉宰相為純の子なり。播磨国細河の領邑に生れ、幼時より好学の志篤く、人となるに及び博く群書に通じ、一代の博識にして、当時其右に出る者なし。抑本邦上世より、代々の博士たゞ漢唐の注疏をのみ用ひて経籍を講説し、又は詩賦文章の末枝をもて専門とするやから多かりしに、惺窩に至りはじめて宋の濂洛諸儒の説を尊信し、躬行実践をもて主とし、遍く教導せしより、世の人やうやく宋学の醇正にして世道に益あることを知るに至れり。君にもはやうその名を聞しめし及ばれ、文禄二年江戸にめしよばれ、御前にて貞観政要を侍講せしめて御聴聞あり。一年ばかり有て帰京す。後慶長五年かさねて伏見にて拝謁し、漢書及び呂東莱が十七史詳節をよみて御聴に入れ、御家人の徒も是に従ひて学習するものまゝあり。おなじ十九年林道春信勝、後藤庄三郎光次と共に相議して、京師に学校を荊建して、世人を教育せんことを建白せしに御ゆるし蒙り、既にその地を検定す。将軍家この教師には道春を仰付られん御内意なりしが、道春堅く辞し奉りて惺窩を勧めしが、その内に浪花の乱起りてやみぬ。また戸田左門氏鉄老臣等と議して惺窩を登庸せられんとありしに、折しも惺窩病にかゝり身まかりぬ。いとおしむべき事になん。

（惺窩行状）

この記述によって、家康の侍講《じこう》として、惺窩が『貞観政要』だけでなく、『漢書』や『十七史詳節《じゅうしちししょうせつ》』などの講義を行っていたことがわかる。なお、文中、「林道春信勝《どうしゅんのぶかつ》」とあるのが羅山のことである。

家康が中国の政治論と歴史に通じていたことは「東照宮御実紀附録巻二十二」にいくつか紹介されている。ここでは、慶長十七年（一六一二）三月の、家康と羅山との問答の様子をみておきたい。家康は、「周の武王が、臣として、君である殷《いん》の紂王《ちゅうおう》を討伐したことは、悪ではあるが、善でもある。昔の人がいう、逆に取って順に守るということにあたるのではないか」と言ったのに対し、羅山は、「私はそうは思いません。武王は天に順《したが》い、人に応じたもので、そこには少しも私欲はありません。天下のために大悪人を除いたもので、善であって、悪ではありません」と言っている。

家康が中国史について、かなりくわしい知識を持っていたことがうかがわれる話であるが、この問答が行われた慶長十七年という時期的なことを考えると、家康は、そろそろ、豊臣家をどうするか、秀頼を討つべきかどうかの判断をしなければならない段階に入っていたと思われ、単なる学問知識としてではなく、実際の治政方針に関わることでもあったといってよい。家康にとって、こうした中国古典籍を学ぶことは、そのまま政治につながっていたのである。

明智光秀謀反の真相

天正十年（一五八二）六月二日の本能寺の変は、「日本史最大のミステリー」などといわれ、これまで、怨恨説・天下取りの野望説などいくつもの説が取り沙汰されてきた。特に近年は、朝廷黒幕説・足利義昭黒幕説、さらにはイエズス会黒幕説なども飛び出し、黒幕説大はやりの感がある。

それぞれの黒幕説が単独で成り立つのは無理と思われるが、黒幕といわれる人やグループの意向を明智光秀が忖度《そんたく》し、決行に及んだ可能性もなくはない。

一つは朝廷との関係である。光秀は信長家臣団の中では一番朝廷寄りで、それなりの人脈もあった。暦問題や譲位要求といった信長の行動を制止するねらいはあったと思われる。

もう一つは、四国問題で、これが長宗我部元親《ちょうそかべもとちか》黒幕説と絡んでくる。この時期、信長が秀吉サイドの三好康長《やすなが》を応援し、元親を圧迫し始めており、これが秀吉とのライバル争いとも微妙に結びつくのである。

六、『平家物語』と『太平記』

毛利・吉川氏と『平家物語』『太平記』

ここまで、戦国武将がどのような本を読んできたか、特に中国の古典籍についてみてきた。では、日本の本はどのようなものが読まれていたのだろうか。戦国武将なので、当然のことながら、合戦にまつわるものはよく読んでおり、中でも、源平合戦を描いた『平家物語』、南北朝内乱を描いた『太平記』は読まれていたようである。

もっとも、『平家物語』や『太平記』の場合、自分が読むというより、読み聞かせの形が多かったらしい。たとえば、毛利元就《もとなり》にはお抱えの琵琶法師《びわほうし》が数人いたことが知られている。一人を手もとに残し、残りの琵琶法師は琵琶を演奏しながら情報蒐集活動に従事したという。元就のところに残った一人が、元就の求めに応じ、『平家物語』を語っていたのである。

その意味では『太平記』も同様で、元就の長男隆元《たかもと》が、一芸という者を召し、『太平記』を読ませたことが知られている。また、元就の二男吉川元春《きっかわもとはる》が陣中で書写した吉川本『太平記』は有名で、その四十巻に添付されている「太平記総目次」は元就の自筆だという（米原正義「元就の信仰と文芸」〔河合正治編『毛利元就のすべて』新人物往来社〕）。ちなみに、吉川元春の長男吉川元長《もとなが》の蔵書にも『太平記』はあり、毛利氏・吉川氏の武将たちは『太平記』に関心があったらしいことがわかる。

子どもの頃、『平家物語』を読んでもらって育った一人に、肥前の戦国武将龍造寺隆信《りゅうぞうじたかのぶ》がおり、『肥陽軍記《ひようぐんき》』におもしろいエピソードがある。

龍造寺隆信がまだ、幼名長法師丸を名乗っていた頃のことという。母の慶誾尼《けいぎんに》の老女が長法師丸の養育にあたっていた。この老女というのは、龍造寺家の老臣木下覚順《かくじゅん》という者の室で、玉峰妙瑞《ぎょくほうみょうずい》といった。ある時、長法師丸が侍女に『平家物語』を読んでもらっていたが、突然、「わしは源氏か、平氏か」と質問した。侍女は龍造寺家の歴史を知っていたとみえ、「源氏でも平氏でもありません。藤原の末裔です」と答えたところ、「藤原の武勇は、源平と比較してどうか」と再び尋ねた。そこで侍女は、藤原氏代々の武勇を話して聞かせたところ、長法師丸は機嫌よく、『平家物語』の壇の浦のくだりを聞き、一度ですっかり覚えてしまったという。

武将子弟の養育にあたった女性が『平家物語』の読み聞かせをやっていたことがわかるエピソードであるが、『平家物語』と『太平記』は、こうした読み聞かせが多かったようである。琵琶法師に限らず、物読み法師とか物読み坊主などといわれる物語僧もいた。たとえば、『蔭涼軒日録《おんりょうけんにちろく》』（京都相国寺鹿苑《ろくおん》院蔭涼軒主の公用日記）の文正元年（一四六六）閏二月六日の条に、江見河原入道という物読み坊主が『太平記』を読んでいる記事がみえる。

江見河原入道という物読み坊主が、どのような僧侶であったかがわからないので何ともいえないが、『太平記』と修験山伏との関係はかなり密接なものがあるとの指摘（和歌森太郎『修験道史研究』平凡社東洋文庫）を考慮に入れると、物読み坊主・物語僧も修験道と何らかのつながりがあったのではないかとも考えられる。九〇頁でみたように、北条早雲に『三略』の講義をしたのも「物知りの僧」であった。

北条早雲と『太平記』

さて、今ここに名前の出た北条早雲、正しくは伊勢新九郎盛時《いせしんくろうもりとき》、出家して早雲庵宗瑞《そうずい》も『太平記』の善本を持っていたことで知られている。現在、この『太平記』の原本は近衛家の陽明《ようめい》文庫の所蔵で、一般的には今川本『太平記』と呼ばれている。その巻一に次のような長文の奥書があり、書写の過程がよくわかる。ここでは、『山梨県史 資料編6中世三下』から引用しておく。

永正二年乙丑五月廿一日、右筆丘可老年五十四

右、此本、甲州胡馬県河内南部郷ニテ書写畢、御所持者、当国主之伯父武田兵部太輔、受領伊豆守、実名信懸、法名道義、斎名臥龍ト号、書籍数寄之至リ、去癸亥之冬、駿州国主今川五郎源氏親ヨリ有借用、雖令頓写之、筆之達不達歟、又智之熟不熟歟、損字落字多之、誂予一筆被為写(中略)、然処、爰伊豆之国主伊勢新九郎、剃髪染衣、号早雲庵宗瑞、臥龍庵主与結盟如膠漆耳、頗早雲庵平生此太平記嗜翫、借筆集類本糾明之、既事成之後、関東野州足利之学校へ令誂、学徒往々糾明之、豆州へ還之、早雲庵主重此本ヲ令上洛、誂壬生官務大外記、点朱引読僻以片仮名矣、実我朝史記也、臥龍

庵伝聞之、借用以又被封余也、依庶尊命重写之畢、以此書成紀綱号令者、天下太平至祝々々、

この文章は難解なので、以下に意訳しておきたい。

この本は、永正二年（一五〇五）五月二十一日に、右筆の丘可が甲斐の南部で書写したものである。所持していたのは武田信懸で、それは、駿河の国守今川氏親から借用して書写させたものであった。しかし、書写が未熟で字が欠けている箇所があった（中略）。ところが、伊豆の国守伊勢新九郎、すなわち早雲庵宗瑞が「太平記」をよく読んでいて、足利学校所蔵本と校合し、さらに京都の官務家や大外記に依頼して、点と朱引をつけてもらい、実にわが国の「史記」ともいうべきものだということである。それを聞いた信懸は、その本を借りて書写したのである。

「信懸」とは、甲斐武田一族の穴山信懸《あなやまのぶとお》（武田信懸）のことで、隣国駿河の今川氏親《うじちか》から『太平記』を借りて書写したとある。そのため、この『太平記』を今川本『太平記』としているわけだが、この奥書をよく読むと、実は北条本『太平記』だったことがわかる。なぜなら、右にも書かれているように、今川本『太平記』は転写状態があまりよくなく、脱字があったりし、結局、信懸は改めて伊豆の北条早雲所蔵本を借りて書写していること

がわかるからである。しかも、早雲の所蔵本は、足利学校本に拠り、かつ京都の官務家などとの校合を経た善本だった。永正二年（一五〇五）といえば、武田信懸・今川氏親・北条早雲ら戦国武将にとって、まさに合戦の最中であり、そのような時期にあっても『太平記』の貸し借りが行われていたというのは興味深い。

上井覚兼の『太平記』読み聞かせ

『平家物語』や『太平記』などをよく読んでいた武将としてもう一人、上井覚兼《うわいかくけん》を挙げておきたい。上井覚兼は薩摩・大隅・日向の一部を領有していた戦国大名島津義久《よしひさ》の「老中」である。天文十四年（一五四五）、上井薫兼《くんけん》の子として生まれ、天正元年（一五七三）には島津義久の奏者《そうじゃ》（取り次ぎ役）となり、翌二年八月から天正十四年（一五八六）十月までの十二年間、日記を書き続けている。その日記というのが『上井覚兼日記』である。戦国武将が毎日のように日記をつけるというのは珍しく、武士たちの日常を知る上で貴重な材料を提供してくれている。

その日記を読むと、覚兼の愛読書が『平家物語』と『太平記』だったことがわかり、しかも、自分が一人で読むだけでなく、何人かいるところでそれらを読み聞かせしていたこともわかる。たとえば、『上井覚兼日記』天正十二年(一五八四)七月二十三日条には、次のようにある。

雨中にて候間、然と罷居候。休世斎など終日御物語申候。野村大炊兵衛尉召寄、唄いはせ申候て承候。太平記なと十二巻、休世斎へ読候て聞せ申候。并直心抄とて、西妙寺殿子息相模太郎殿へ被遣候、是など読申候。其内に有歌にて候。憂世にはかゝれとてこそ生れつれ理しらぬ吾泪かな、是を各感じ候て、日を暮し候也。

この「休世斎」というのは、覚兼の外舅にあたる敷禰頼賀《しきねよりよし》のことで、この日、雨だったので、訪ねてきた頼賀としばし雑談したあと、『太平記』を読んだことがわかる。文中、「休世斎へ読候て聞せ申候」とあるので、文字通り、読み聞かせである。なお、そのあとには「西妙寺殿」(最明寺殿《さいみょうじ》)、すなわち北条時頼《ときより》が、子の「相模太郎」、すなわち北条時宗《ときむね》に与えた「直心抄《じきしんしょう》」のことが記されている。当時の武将たちは、戦いのない日には、このようにして一日を過ごしていたのである。

家康が読んだのは『源平盛衰記』

あとでくわしく触れるが、徳川家康が将軍職を子の秀忠《ひでただ》に譲り、隠居して駿府城に入った時、駿府城内に私設図書館として「駿河文庫」というものを作っている。その「駿河文庫」の蔵書目録によると、和本として、『平家物語』と『太平記』はなく、『源平盛衰記《げんぺいせいすいき》』が入っている。家康は源平争乱を、『平家物語』ではなく『源平盛衰記』によって学習していたのである。

ところで『平家物語』では、源頼朝が文覚《もんがく》（真言宗の僧）の勧めで挙兵したあと、すぐに富士川合戦の記述となっていて、挙兵の様子や、伊豆をはじめとする関東一円の武士たちを傘下に組み込んでいく過程の記事が欠けている。それに対して『源平盛衰記』では、頼朝による伊豆山木館《やまき》の襲撃をはじめ、石橋山の戦い、安房に逃れて再起を図る様子などが『吾妻鏡《あずまかがみ》』よりもくわしく描かれている。頼朝に私淑する家康が、頼朝挙兵の一部始終が描かれる『源平盛衰記』の方に親近感を持つのは当然であろう。

なお、この『源平盛衰記』については、鎌倉時代の半ばに成立したとする説もあるが、南北朝時代以降でなければみられない社会状況も描かれているので、今日では成立は南北朝期と考えられている。

では、家康は『源平盛衰記』をどのように読んだのだろうか。家康が家臣たちに源義経の失敗について語ったというエピソードが『古老夜話《ころうやわ》』に載っていて、米原正義氏は「天下人家康の実学」（『別冊歴史読本　徳川家康――その重くて遠き道』）で次のように記している。

あるとき、家康は「源義経は生れつきたる大将だが、歌学のなかったことは大きな失敗だった」と言った。皆々の者共は「義経が歌道を知らなかったということは聞いていません」と答えた。すると家康は、「義経は、雲はみなはらい果たる秋風を　松に残して月を見るかな、という古歌の心を知らなかったから、身を滅ぼした。平家退治は早すぎたのだ、少しは残すべきであった」と語ったという（『古老夜話』）。なるほど源平合戦に颯爽《さっそう》として登場した源九郎義経は、一ノ谷、屋島、壇ノ浦と、あっという間に平家を滅ぼし、そしてまた身も衣川館に散った。家康の言うことには思いあたることがある。茶湯の開山村田珠光《しゅこう》は、「月も雲間のなきはいやにて候」とか、「藁屋に名馬つなぎたるがよし」と言ったという。雲一つない月はそれで見られるが、それより風情ある雲間の月は日本人的である。秋風残る松間の月もまた一脈通ずるものがあろうが、より注意すべきは、家康が古歌を軍事と関連させて考えていることであろう。

家康の場合、こうした本から、先人たちの成功例、失敗例を学んだのではないかと思われるが、それだけではなく、文章のところどころに散りばめられている中国の歴史に関する叙述も学びとっていたものと思われる。

『源平盛衰記』巻一の冒頭「平家繁昌並びに徳長寿院の導師の事」は、「祇園精舎の鐘の声、諸行無常の響きあり。沙羅双樹の花の色。盛者必衰の理を顕す。奢れる者も久しからず。春の夜の夢の如し」という有名なフレーズで始まるが、そのあとに、「遠く異朝を訪《とぶら》えば、夏《か》の寒浞《かんそく》・秦《しん》の趙高《ちょうこう》・漢の王莽《おうもう》・梁《りょう》の周伊《しゅうい》・唐の禄山《ろくざん》、みなこれ旧主先皇の政《まつり》ごとにも随わず、民間の愁《うれい》、世の乱れをも知らざりしかば、久しからずして滅《ほろび》にき」と、中国の歴史の一部が挿し挟まれている。もちろん、これらは『源平盛衰記』の筆者の治世観であるが、家康は、このような部分からも、為政者としてのあり方を学びとろうとしていたのであろう。単に、頼朝のことや、軍事の天才義経から軍略を学びとろうとしていたわけではなかったのである。

小牧・長久手の戦いで秀吉が勝てなかった理由

天正十二年(一五八四)、羽柴秀吉が、織田信長次男の信雄《のぶかつ》と徳川家康の連合軍と戦った。主戦場が尾張の小牧《こまき》および長久手《ながくて》だったので小牧・長久手の戦いと呼ばれている。

この戦いは、秀吉軍が約十万、信雄・家康連合軍が一万六千ほどと、軍勢の数では秀吉が圧倒的に優勢だったにもかかわらず、勝てなかった。むしろ、羽黒の陣とか、長久手の戦いといった局地戦では秀吉軍が敗れているのである。

最終的に秀吉は、信雄を籠絡して単独講和を結び、戦う大義名分を失った形の家康も講和に応じているが、秀吉は、なぜ、これだけの大軍を擁しながら勝てなかったのだろうか。

理由として考えられるのは、この戦いの時、秀吉の軍師の黒田官兵衛が側にいなかったからである。この時、官兵衛は毛利氏との国境画定協議に出かけていて、大坂までは戻っていたが、戦いの現場にはいなかった。いれば別な展開になっていたかもしれない。

七、武将たちはなぜ王朝古典文学を読んだのか

明智光秀の「愛宕百韻《あたごひゃくいん》」と『源氏物語』

武将たちが「四書《ししょ》」「五経《ごきょう》」、さらに「武経七書《ぶけいしちしょ》」といった中国の古典籍を読み、一方で『平家物語』や『太平記』に親しんだことは、ある意味、当然といってよい。武将として、リーダーとしての資質を養い、また実際の戦いに、そうして得た知識を生かそうとしていたからである。

そうした武将たちが、同時に『源氏物語』や『伊勢物語』といった王朝古典文学を読んでいることに、私自身は違和感を持っていた。武将と王朝古典文学は世界が違うのではないか、という思いからである。ところが、そうした違和感というか疑問を氷解させてくれ

る論文に出会った。その論文というのは、津田勇氏の「愛宕百韻に隠された光秀の暗号」(『歴史群像』一九九五年四月号)である。津田氏は、「愛宕百韻」は『源氏物語』などをテキストにしていたと指摘する。

その「愛宕百韻」の冒頭は、よく知られているように、

時は今あめか下しる五月哉　光秀
　水上まさる庭の夏山　行祐
花落る池の流をせき留て　紹巴
　かせは霞を吹をくるくれ　宥源
松も猶かねのひゝきや消ぬらん　昌叱
　かたしく袖は有明の霜　心前

となっていて、以下、この調子で百韻が続き、「時は」を、明智氏の本姓である「土岐《とき》」にかけ、「土岐氏である自分が天下を治める」といった光秀の決意表明とするのが一般的解釈であった。

それに対して津田氏は、三句目の紹巴《じょうは》の詠んだ「花落る池の流をせき留て」は、『源氏物語』の花散里《はなちるさと》をふまえた句であるとし、さらに二句目の行祐《ぎょうゆう》の「水上まさる庭の夏山」

も、『延慶本平家物語』巻四の「程ハ五月雨シゲクシテ、河ノ水カサマサリタリ」という文章をふまえているると指摘しているのである。この連歌会に集まった連衆《れんじゅ》が、もちろん明智光秀を含めて、『源氏物語』や『平家物語』を読んでいたからこそ、この「愛宕百韻」連歌が成り立っていたのである。

このことから、当時の武将たちが、連歌会や歌会に臨むにあたり、基礎教養として『源氏物語』や『伊勢物語』などの王朝古典文学も、ある程度マスターしておかなければならなかったことがわかる。

なお、この「愛宕百韻」について、津田氏は同論文で、連衆一致しての、打倒平氏・源氏台頭の寓意《ぐうい》が込められていたとしている。実は、この解釈は、明智光秀が本能寺の変を起こす動機を考える上でかなり重要なのである。これまで、光秀謀反の理由として、怨恨説や天下取りの野望説で説明されることが多かったが、最近は朝廷黒幕説・足利義昭黒幕説、さらには長宗我部元親《ちょうそかべもとちか》関与説などが取り沙汰されている。

しかし、どれも決め手を欠く状況で、「愛宕百韻」に「打倒平氏」の思惑が重なっていたとすれば、ある程度、光秀の行動に納得がいく。というのは、信長は平氏であり、光秀は源氏だったからである。

本能寺の変の直前、朝廷は、信長を何らかの官職に就け、朝廷の枠内にとどめておく必要性を痛感していた。信長が天正六年（一五七八）に右大臣・右大将を辞し、無官となっていたことが理由である。そこで朝廷は、信長に対して「征夷大将軍か、太政大臣か、関白か、いずれかお好きな官に任命しましょう」と言ってきたのである。これを「三職推任《さんしきすいにん》」という。

天正十年（一五八二）五月二十九日の上洛は、一つには、羽柴秀吉からの要請を受けて、自ら中国地方に向かうということもあったが、もう一つは、上洛した時に、三職の内のどれかを返事するつもりだったものと思われる。しかし、どれを選ぶかの意思表示をしないまま光秀に殺されてしまったので、信長の真意がどこにあったかは永遠の謎となってしまった。

したがって、ここからは推測していくしかないが、朝廷が「三職推任」を言い始めた時期的なことを考えると、信長はこの三職の中では、征夷大将軍を選ぶ可能性が高かったように思われる。この少し前の三月に、信長は長年の宿敵だった武田氏を滅ぼしており、文字通り、「征夷大将軍」にふさわしいとの判断を朝廷もしていたことになる。

ところが、信長は平氏だった。実は信長の家の織田家は本姓藤原氏だったが、信長の途中から平氏を称するようになっていた。これは、信長も源平交代思想の持ち主だったからであるが、光秀は、それをそのまま見すごすことができなかったのではないかと思われるのである。

歴史を振り返ると、古代の坂上《さかのうえの》田村麻呂《たむらまろ》や南北朝期の護良親王《もりよししんのう》のように、源氏ではない人間も征夷大将軍になっているが、これは例外ともいえるもので、武士として、征夷大将軍になったのは源氏の人間に限られていたのである。

こうした有識故実《ゆうそくこじつ》的なことにくわしい光秀が、そのことに気づかないはずはないわけで、しかも光秀自身は、土岐氏の分かれで美濃源氏の人間である。すなわち、源氏が平氏を討つという図式が考えられる。「愛宕百韻」のいくつかの句は、そうした平氏打倒・源氏台頭の願いを込めたものが含まれており、本能寺に向かうにあたっての戦勝祈願の連歌会だった可能性は高い。これは、光秀が『源氏物語』の内容を知っていたからこそできた連歌会だったからではないだろうか。

連歌師が『源氏物語』を講釈していた

そこで次に、『源氏物語』などの王朝古典文学などを通しての、連歌師と戦国武将との関係についてみておきたい。

この時代、戦国武将が連歌を重視したのには二つの理由があった。一つは、連歌が「輪の文芸」といわれるように、主従がそれこそ輪になって上の句と下の句を詠み合うわけで、連帯感を強めることにつながる。仲間としての紐帯《ちゅうたい》を強めるねらいがあった。

そしてもう一つは、出陣連歌の風習からきたものである。戦いの前に、神社で戦勝祈願をするとともに、そこで連歌会を開き、できあがった連歌を奉納して戦いに出れば勝てるという、一種、呪術的な行為でもあった。もっとも、冷静に考えてみれば、敵も出陣連歌をやっている可能性があるわけで、単純に「連歌会を開けば勝てる」とばかりは思っていなかっただろう。ただ、出陣連歌と伝えられるものは多く、前述した「愛宕百韻」も、光秀が出陣連歌として位置づけていたことは間違いない。

「愛宕百韻」の三句目、「花落る池の流をせき留て」を詠んだ紹巴は里村《さとむら》紹巴のことで、この頃の連歌界の第一人者である。公家や僧侶だけでなく、織田信長・三好長慶《ながよし》・細川幽《ゆう》斎《さい》・羽柴秀吉、それに明智光秀らとも交流し、各地の戦国大名に連歌の宗匠として招かれている。連歌会は、こうした連歌師がリードしなければ形にならなかったからである。

この里村紹巴より、時期的には少し前の連歌師として有名なのが宗長《そうちょう》である。よく「駿河の戦国大名今川氏お抱えの連歌師」などといわれ、確かに今川氏親から駿府郊外に草庵柴屋軒《さいおくけん》を与えられ、生活の面倒などをみてもらってはいた。しかし、いつも駿府にいたわけではなく、各地の戦国大名に招かれて、連歌会をリードしていたのである。

その宗長も、連歌の際には『源氏物語』をふまえて歌を詠んでいたことが知られている。鶴崎裕雄氏の『戦国を往く連歌師宗長』(角川選書)に、次のような一節がある。

薪での越年の後、宗長は三月になってやっと京都に向かった。途中、宇治の辻坊で発句、

春や花常を忘れぬ初桜

を詠む。『源氏物語』宇治十帖の早蕨《さわらび》の巻で、阿闍梨《あじゃり》から中君への歌「君にとて数多《あまた》の春をつみしかば常をわすれぬ初蕨《わらび》なり」を本歌にした発句である。連歌師は『源氏物語』や『伊勢物語』をいつでも引き出せる用意が要る。

この最後の文章は、連歌師の一つの側面を簡潔に表現したものといってよい。

実際、当時の公家の日記からも、連歌師が『源氏物語』を読んでいる様子をうかがうことができる。たとえば、三条西実隆《さんじょうにしさねたか》の『実隆公記《さねたかこうき》』大永三年（一五二三）三月二十六日条には、宗長が同じく連歌師で弟弟子にあたる宗碩《そうせき》とともに実隆邸を訪問し、そこで『源氏物語』篝火巻《かがりびのまき》を読んでいることが記されている。

地方武将の『源氏物語』蒐集

さて、その宗碩も連歌師として各地の戦国武将に招かれているが、周防の守護代陶《すえ》氏のところで『源氏物語』の講釈をしていたことが知られている。陶弘詮《ひろあき》の代であるが、弘詮はそれほど著名な武将というわけではないので、系譜関係から少しみておきたい。陶氏の略系図を示すと、

- 盛政
  - 弘正
  - 弘房
    - 弘護
      - 武護
      - 興房 ― 晴賢（隆房）
    - 弘詮

右のようになる。盛政《もりまさ》の時、永享四年（一四三二）に周防守護代となり、盛政の子弘正《ひろまさ》が寛正六年（一四六五）に戦死してしまったため、弟の弘房《ひろふさ》が家督を継いだ。弘房の死後、弘護《ひろもり》が継いだが、この弘護が吉見信頼《よしみのぶより》（大内氏の家臣で、石見の有力国人）と刺し違えて死んでしまい、子がまだ幼かったので、弟の弘詮が継いでいる。宗碩から『源氏物語』の講釈を受けたのはこの弘詮である。

なお、ついでにいえば、このあと弘護の子興房《おきふさ》が成人したので、家督を戻しており、その興房の子が、大内義隆《よしたか》を下剋上で倒した隆房《たかふさ》、すなわち陶晴賢《はるかた》ということになる。

宗碩の動きを追った川添昭二氏の『中世文芸の地方史』（平凡社選書）は、宗碩と陶弘詮の交流について、次のように記している。

> 播州兵庫津田守主計助、明石旅宿、光明山卯野弥三亭、同城中樫村内蔵助、備前国伊都佐範、松田豊後守山城、吉備中山近辺元妙寺、備中吉備津宮（万句）、備後人、同鞆浦三善縫殿助幸宗、芸州野間掃部頭山城、同阿曾沼近江守山家と、各連歌会にのぞみ、防州に入り、下松の正福寺の会で詠句している。永正十三年夏の半ば頃である。ついで陶兵庫頭（弘詮）、吉田平兵衛尉（正種）、町野掃部頭（弘風）、善福寺、内藤内蔵助（護道）山庄、氷上別当坊の会に出、「六月廿九日自然斎（宗祇）忌日とて阿川淡路

守（勝康）興行会に」、陶兵庫（弘詮）七夕の一座に、善聴寺旅宿、八月十五日夜陶兵庫頭（弘詮）、「おなじころさる少人おハします館」、飯田大炊助（興秀）、長州府中二宮大宮司（竹中弘国）、赤間関阿川淡路守（勝康）宿所、同所杉杢助（弘信）、専念寺、亀山八幡宮月次、と約三ヶ月にわたり、大内義興上洛中の留守を守る防長の大内氏被官の邸や寺社で雅会にのぞんでいる。『天理図書館稀書目録』和漢書之部第三によると、天理図書館所蔵の平賢兼・藤原護道筆『源氏物語』奥書に「右以原中最秘抄・類字源語抄・千鳥・加海・殊去永正拾三年度於防州山口県陶安房守弘詮宅所宗碩法師講尺聞書等、自今日読合之、引歌漢語以下書加之而已」とあり、宗碩は山口の陶弘詮宅で『源氏物語』の講釈をしている。

ここにみえるように、天理大学附属天理図書館所蔵の『源氏物語』奥書によって、永正十三年（一五一六）に、周防山口の陶弘詮邸において、弘詮が宗碩から源氏物語の講釈を受けていたことがわかる。そして、陶弘詮の主君である大内氏も『源氏物語』にかなりのめり込んでいた。

大内氏は、弘世《ひろよ》の時、二代将軍足利義詮《よしあきら》に仕えて、周防・長門・石見の守護職に任じられ、山口に領国経営の中枢となる居館を築き、山口の町を京風にしたことで知られている。

その子義弘《よしひろ》の時、明徳《めいとく》の乱（一三九一年）で山名氏清《やまなうじきよ》の討伐に功を挙げ、周防・長門・石見のほか、豊前・和泉・紀伊六ヵ国の守護職を兼ねるようになり、大勢力となったが、応永《おうえい》の乱（一三九九年）で一時衰退する。やがて、教弘《のりひろ》・政弘《まさひろ》と再び力をつけ、義興《よしおき》の代には十代将軍足利義稙《よしたね》の管領代《かんれいだい》にまでなっているのである。

そして、義興の子義隆の時には、周防・長門・豊前・筑前・石見・備後・安芸という中国地方から九州にかけて七ヵ国を支配する大大名に成長していた。しかも、日明貿易を通じて、富の力も抜群で、山口は「西の京」といわれる繁栄をみせた。

義隆は山口に、「山口殿中文庫」（興隆寺文書箱蓋裏銘）とか「防州大内文籠」（『李花集』識語）といわれる私設文庫、すなわち大内文庫を持っており、米原正義氏の『大内義隆のすべて』（新人物往来社）によると、その主な蔵書は次の通りである。

◉青表紙本源氏物語二本、河内本源氏物語二本、その注釈書源氏千鳥抄、源語秘訣、花鳥余情

◉伊勢物語、その注釈書伊勢物語愚見抄、伊勢物語山口抄

◉古今集をはじめとする勅撰代々の和歌集、李花集、連歌十問最秘抄、連歌延徳抄、初篇老葉《わくらば》、再篇老葉、新撰菟玖波《つくば》集二本、君台観左右帳記《くんだいかんそうちょうき》、多々良問答など

『源氏物語』や『伊勢物語』だけでなく、それぞれの注釈書も所蔵していたことがわかる。

ところで、戦国武将としては大内義隆ほど有名ではないが、『源氏物語』蒐集という点では能登の畠山《はたけやま》氏を落とすわけにはいかない。蒐集だけでなく、自ら『源氏物語』を研究する武将も現れているのである。

能登七尾《ななお》城主の畠山義総《よしふさ》は、能登へ下る前、十代将軍足利義稙の御供衆を務め、京都にいた時には三条西実隆の屋敷を訪ね、『源氏物語』の講釈を聞いていたことが、『実隆公記』の永正十一年（一五一四）二月十七日条によってわかる。まだ二十四歳の若さだった。また、能登に下り、戦国大名として領国支配に乗り出してからも、実隆に所望して「源氏物語系図」の写本を送付してもらったりしていた。その後も、実隆が書写した『源氏物語』を手に入れているが、大永五年（一五二五）、六年頃の様子について、米原正義氏は『戦国武士と文芸の研究』の「第一章能登畠山氏の文芸」で、次のように述べている。

大永五年九月のこと、義総は実隆から桐壺巻聞書を贈られたことに対しての礼状を送り、更に聞書の清書を依頼した。世に著聞する第一次本細流抄の成立と関連するものである。翌十月に実隆邸の造作に万疋の助成を申し出、先ず三千疋を送り、また料紙二帖をも送付して源氏の聞書を頻りに懇望した（「実隆公記」六日条）。実隆は九月十六日に桐壺抄を書き始め、十月九日に終り、他の抄は子の公条に命じてその聞書を清書させ、校閲を加え、二年半後の大永八年二月に成り、四月に完備したので、その二十一日に義総の使者の山伏に渡した（同上）。この聞書は大永五年十月二十七日に、実隆の桐壺抄と、帚木・空蟬の公条聞書との三帖を送ったのを始めとして、前後十二、三回にわたって数冊ずつ義総へ送った。例えば大永六年八月十五日には源氏の奥入とともに紅葉賀・花宴・葵の三帖を送っている。「実隆公記」同年月日の条に「永閑来、能州書状付二遣之一、奥入幷自二末摘一至二葵聞書一同遣レ之」とあるが、末摘花巻はすでに同年二月三十日に送っているので「自二紅葉賀一」とすべきである。奥入と聞書三帖は永閑がもたらした。これらを落手した義総は直ちに実隆へ礼状を送った。

ここからも明らかなように、畠山義総は三条西実隆から『源氏物語』の写本を送ってもらう代わりに、実隆邸の造作にあたって一万疋、すなわち百貫文（現在の金額で約一千万円）の助成を申し出ていた。京都の公家たちにとって、地方大名の向学心は、ある意味、貴重な財産基盤となっていたのである。

戦場から『源氏物語』を所望した武将もいた

三条西実隆との絡みで、もう一人興味深い武将がいるのでみておきたい。といっても、大内義隆や畠山義総のような戦国大名当主ではなく、その家臣レベルの武将なので、厳密に書けば、部将としなければならないかもしれない。それは、若狭の戦国大名武田氏の家臣粟屋《あわや》親栄《ちかひで》である。

若狭武田氏は甲斐武田氏の支流で、甲斐の武田信武《のぶたけ》の子氏信《うじのぶ》の四代目、信繁《のぶしげ》が出、その子信賢《のぶかた》が若狭武田氏の祖となったといわれているが、一説に信賢の子信栄《のぶひで》が、永享十二年（一四四〇）五月、六代将軍足利義教《よしのり》の命によって一色義貫《いっしきよしつら》を討ち、その功によって若狭守護職になったのが初めともいう。

若狭武田氏の重臣筆頭が粟屋氏で、特に粟屋左衛門尉親栄は、主君武田元信《もとのぶ》が家督を元《もと》光《みつ》に譲って隠居する時、親栄に元光の補佐を依頼しているほどであった。

その粟屋親栄が、三条西実隆から何日もかけて『源氏物語』の講釈を受けているのである。『実隆公記』および『再昌草《さいしょうそう》』（三条西実隆の歌日記）によると、文亀元年（一五〇一）六月二十日、二十一日両日で「桐壺《きりつぼ》」を終え、閏六月七日には「若紫《わかむらさき》」半分、同十四日「末《すえ》

「摘花」半分などというかなり早いペースで続けられ、なんと、永正元年(一五〇四)七月二十六日まで五十回以上を数えている。

戦国大名でもない、その家臣にすぎない粟屋親栄に、実隆がこれだけの時間を費やしたというのも驚きであるが、親栄からはそれ相応の見返りがあったのかもしれない。ただ、それだけではなく、武士でありながら『源氏物語』を極めようという粟屋親栄の熱意を感じ取っていた可能性もあり、人間的に密なつながりになっていたことも考えられる。

親栄が出陣中の丹後から、実隆に天橋立を見たと報告してきたのに応え、

雲になるそらやいかにと朝なく心にかゝるあまのはしたて

という歌を贈っていることが、『再昌草』の永正三年（一五〇六）十一月二十八日条にみえるので、実隆としても、一人の弟子と見ていたのかもしれない。

親栄は、その直後、出陣先から実隆に『源氏物語』の「帚木《ははきぎ》」巻の注を書写してくれるよう依頼しているが、さすがの実隆も「陣中不相応之儀歟《か》」（『再昌草』永正三年閏十一月六日条）と驚きを隠しきれなかった模様である。

なお、親栄の手もとに「帚木」巻の注が届いたかどうかはわからない。親栄は、翌永正四年六月二十七日、一色義有《よしあり》軍と戦って討ち死にしてしまった。

『源氏物語』や『伊勢物語』というと、どうしても軟弱な印象があり、戦いに出ていく武将には似つかわしくないとの思いを抱きがちで、戦国時代の頃には、京都の公家やその姫君たちだけが読んでいたかのように思ってしまう。しかし実際には、上は大内義隆、畠山義総といった戦国大名当主から、下はその家臣たちまで愛読していたのである。王朝古典文学とは無縁だったような徳川家康ですら、その蔵書の中に『源氏物語』は入っている。

そして、単に愛読していただけでなく、武将の中には、それを自ら書写していた者もいた。伊達政宗が『伊勢物語』を書写し、『源氏物語』の一節を自己の隠居城若林城《わかばやし》（仙台市若林区）の襖絵《ふすまえ》に書きつけているのは有名である（仙台市博物館編『図説伊達政宗』）。

伊達政宗自筆の書き込みがある「菊花図屏風」（仙台市博物館所蔵）

安土・桃山時代はなかった⁉

現在、小・中・高で使われている歴史の教科書には、安土・桃山時代とか、安土・桃山文化という書き方になっている。しかし、これは厳密にいうとおかしい。

安土は問題ない。織田信長が居城としたのが安土城だから、政権所在地の名が時代の名称になるのは当然である。ところが、桃山は問題なのである。桃山城という城は存在しない。そう書くと、「伏見桃山城という城があるではないか」と反論されるかもしれない。

実は、伏見城はあるが、伏見桃山城という名の城はなかったのである。伏見城は、本来は秀吉の隠居のための城として築かれたが、その後、秀次《ひでつぐ》事件などがあり、秀吉が伏見城で政務を執っているので、安土・伏見時代というのはいい。

伏見城は秀吉死後、一時、徳川家康が使ったが、のちに廃城となり、付近のお百姓さんが城跡に桃を植えたので、そこが桃山と呼ばれるようになったのである。

八、漢詩・和歌と戦国武将

武田信玄の漢詩

武田信玄の事績をくわしく記す『甲陽軍鑑《こうようぐんかん》』の品十九に、信玄の詩作についてのおもしろいエピソードがある。同書では天文八年（一五三九）のこととしているので、信玄二十歳の時ということになる。

信玄には詩作にふけった時期があり、その頃、日中でも座敷の戸を立てまわし、若い家臣と女房衆だけになって、ろうそくを立て、詩ばかりを作っていた。当然、政務はほっぽり出しで、重臣たちが諫めても聞く耳を持たなかった。

ほとほと困った重臣の中で、板垣信方《いたがきのぶかた》は思いきった行動に出ている。仮病を使って自分の屋敷に引き籠り、そこに漢詩をよく作る僧侶を呼んで、二十五、六日かけて詩の作り方を学んでいる。ある程度できるようになったので、信方は信玄のところへ行き、「我等にも一首仰せ付けられ候へ」、すなわち、「私にも一首作らせて下さい」と、題を出してくれるよう、せがんだ。

信玄は日頃、信方が漢詩を作っている様子を見ていないので、「できるわけはない」と思って無視していたが、あまりにしつこくせがまれるので、題を出したところ、即座に詩を作った。「おかしい」と思って別の題を出したところ、その題でみごとな詩を作ったのである。

それでも信玄は、誰かから内々に題を聞いて、事前に作ったのだろうと考え、あと五つ題を出したところ、信方はたちどころに詩を作ってしまった。びっくりした信玄は、「そくざ（即座）にて詩五つ作りたるはいつの間に作り習ひたるぞ」というと、それに対して信方は、「此程廿日あまりの稽古なり」と答えている。そして、そのあとで信方は、信玄をつかまえて諫言をしているのである。その諫言部分は『甲陽軍鑑』の文章のままの方が味わいがあるので、次に引用しておきたい。

晴信公、詩を作り給《たま》ふ事大方になされ候へ。国持ち給ふ大将は、国の仕置き、諸侍をいさめ、他国をせめ取て、父信虎公十双倍名を取給はゞ、信虎公と対々にて御座候。子細は信虎公の御無行義にて婬乱無道ましく、或はふかき科《とが》有る者をも大方の科人をも同前に御成敗あり、御身の腹さへ立給へば、善も悪も弁《わきま》へなしに仰付られ、御機に入たる者には、一度逆心の族《やから》にも卒爾《そつじ》に所領を下され、忠節・忠功の武士をも科なきに頭をあげさせぬ様に遊ばし、万事逆なる御仕置を信虎公の非道と御覧あり、父にてましませど追出し給ふ晴信公、三年もたゝざるに御身のすき給ふ事をすごして心のまゝにあそばすは、信虎公の百双倍も悪大将にて御座候といさめ申事御立腹にて、板垣を御成敗に付ては、尤御馬のさきにて討死仕ると存ずるなり。

要するに、「漢詩などは、私がやったように、二十日間も稽古をすればできるようになるものだ」ということを、板垣信方が自分でやってみせて、信玄を納得させたというわけである。

ただ、右の記述にあるように、信玄・信方らが信虎《のぶとら》を追放した「信玄のクーデター」が、天文十年（一五四一）のことなのは明らかなので、この信方の諫言にあるように、信虎追放後三年たってからのエピソードだとすれば、『甲陽軍鑑』がいう天文八年というのはおかしく、天文十三年とすれば、信玄二十四歳の時のことになる。いずれにせよ、若い頃、詩作にのめり込んだ時期のあったことは確かである。

それは、信玄の七周忌の時、快川紹喜《かいせんじょうき》の法語「恵林寺殿機山玄公大居士七周忌之陞座法語」（『天正玄公仏事法語』）によっても確かめられる。その「散説」に、

……竊處大居士非㆓一仏㆒、二菩薩化現、百千万億仏化現也。盖斐相国陸大夫流亜乎。内無㆓色荒㆒、外無㆓禽荒㆒、春不㆑作㆓花荒㆒、秋不㆑作㆓月荒㆒、詠㆓和歌㆒、賦㆓唐詩㆒、嗜㆓伎芸㆒、読㆓兵書㆒、工㆓書翰㆒、伝㆓弓馬㆒、而四書六経諸史百家之書、無㆓盡不㆒㆑学。

とある。禅僧の書いた法語の類は、右のように難解な漢文で書かれており、読み取るのに苦労するが、最後の部分、「和歌を詠じ、唐詩を賦す」とあるように、信玄は漢詩作りが得意だったことがわかる。そこで、具体的に信玄がどのような漢詩を作っていたのかをみていくことにしよう。

以前、石川忠久氏の『日本人の漢詩――風雅の過去へ』（大修館書店）という本を読んでいて、「おやおや」と思う信玄の漢詩にぶつかった。その漢詩は、

偶作　武田信玄

鏖殺江南十万兵　　鏖殺す　江南十万の兵

腰間一剣血猶腥
豎僧不識山川主
向我慇懃問姓名

腰間の一剣　血猶腥《なまぐさ》し
豎僧《じゅそう》は識らず、山川の主を
我に向かって慇懃《いんぎん》に姓名を問う

というものである。これだけを読んでいたら、「信玄も、ずいぶん血なまぐさい詩を作っていたんだ」、という程度で終わってしまったと思われる。ところが石川忠久氏は、これは剽窃《ひょうせつ》だという。その元にあたるのが洪武帝《こうぶてい》作という次の漢詩である。読み下しは省略する。

偶作
鏖殺江南百万兵
腰間宝剣血猶腥
山僧不知英雄漢
只恁嘵嘵問姓名

一行目は、「百万兵」を「十万兵」に変えただけであり、二行目も「宝剣」を「一剣」に変えただけで、三行目と四行目は少し違っているが、信玄がこの「偶作」を下敷きにしていたことに疑問の余地はない。石川氏も、「後半は少し手を加えて、詩らしい形に斉《ととの》えているが、全体の構成といい、用語といい、余りにも似過ぎている。偶然の暗合とする注釈者もいるが、これだけ似ていれば剽窃とせざるを得まい」とみている。正論であろう。ただ石川氏は、信玄にやや同情的で、「〝剽窃〟というより、ふだん愛唱していた詩を、少し整えて、甲州一帯を掌握した威勢を示すのに〝借用〟したというべきだろう」としている。このような漢詩をベースに、字を少し置き換えながら詩作の練習をしていたのかもしれない。

もっとも、これだけだと信玄の漢詩の実力はわからない。ところが幸いなことに、前に述べた『甲陽軍鑑』品十九には、板垣信方の諫言を受けたことを記したあとに、信玄作の十七首が引用されている。題は「新正口号」(二首)、「鳥語花中管絃」、「春山如笑」、「古寺看花」、「惜落花」、「新緑」、「薔薇」(二首)、「旅館聴鵑」、「閏月花」、「便面蘆間有漁」、「便面有鴈」、「便面水仙梅花」、「便面半月照梅花」、「便面蘆間白鷺」、「寄濃州僧」となっている。二つほど挙げておきたい。まずは「春山如笑」である。

春山如笑
簷外風光分外新　　簷外《えんがい》の風光　分外新《あらた》なり
捲簾山色悩吟身　　簾《れん》を捲《ま》いて　山色吟身を悩ます

孱顔亦有趣蛾眉　孱顔《さんがん》も亦《また》　蛾眉《がび》の趣有り
一笑靄然如美人　一笑靄然《あいぜん》として　美人の如し

次は「古寺看花」である。

古寺看花

紺藍無処不深紅　紺藍《こんらん》深紅ならざる処として無し
花下吟遊勝会中　花下の吟遊　勝会の中
身上従教詩破戒　身上さもあらばあれ詩の破戒
挙盃終日酔春風　盃を上げて終日　春風に酔う

笹本正治氏は、『武田信玄』（ミネルヴァ日本評伝選）の中で信玄の詩作に触れ、「これらの歌は周囲の自然が歌いこまれており、季節の中に沈潜する信玄の姿が出ている。戦乱の中に身を置いているからこそであろうか、詩作のひとときは彼にとって幸せな時間であったように感じられる。同時にこうした歌は周囲の自然、甲斐に対する限りない愛情が満ちあふれているように思う」と述べている。戦乱に明け暮れる中で、詩作の時間は信玄にとって、心の慰みになったのではなかろうか。

個人的な感想を言わせてもらうと、『甲陽軍鑑』に収められている十七首の中では、最後の「寄濃州僧」が好きである。

寄濃州僧

気似岐陽九月寒　　気は岐陽九月の寒さに似たり

三冬六出灑朱欄　　三冬六出　朱欄に灑《そそ》ぐ

多情尚遇風流客　　多情尚お風流の客に遇い

共対士峰吟雪看　　共に士峰に対して雪に吟じ看ん

石川忠久氏の『日本人の漢詩』では、この詩を次のように現代語訳している。

濃州の僧に寄す

ここ甲州の気は、岐阜の九月の寒さに似ており、

冬三ヶ月には雪が屋敷の欄干に降りかかる。

多情な私は、貴僧のような風流人に会って、

一緒に富士山を見ながら、雪の詩を作りたいものだ。

石川氏によれば、この詩は、五山の詩集に入れても区別がつかないと褒める人がいるとのことで、信玄の漢詩を作る力が抜群だったことを示している。

上杉謙信の漢詩

武田信玄のライバル上杉謙信の漢詩を、次にみていきたい。「九月十三夜陣中作」があまりにも有名なので、謙信も信玄と同じくらい、あるいはそれ以上の漢詩を残していたのではないかとみられているが、実際はどうなのだろうか。

謙信の「九月十三夜陣中作」が広く知られるようになったのは、頼山陽《らいさんよう》が『日本外史《にほんがいし》』（江戸時代後期に成立）の武田・上杉紀、天正二年（一五七四）九月条（読み下しにして引用）に、

……十三夕に属す、月色明朗なり、謙信軍中に置酒して、諸将士を会す、酒酣《たけなわ》にして自ら詩を作りて曰《いわ》く、

と記して、「九月十三夜陣中作」を載せたからである。すなわち、

霜満軍営秋気清　　霜は軍営に満ちて秋気清し
数行過雁月三更　　数行の過雁　月三更
越山併得能州景　　越山併《あわ》せ得たり　能州の景
遮莫家郷憶遠征　　遮莫《さもあらばあれ》　家郷遠征を憶《おも》うを

というもので、広く人口に膾炙《かいしゃ》しているし、謙信の自作とされている。

確かに謙信は、子どもの頃に曹洞宗の林泉寺《りんせんじ》へ入り、天室光育《てんしつこういく》の教えを受けて、漢文は得意だったはずで、漢詩を作る力はあったものと思われる。ところが、先にみた信玄と違って、謙信作といわれる漢詩はこの「九月十三夜陣中作」一つしかないのである。

また、どういうわけか、頼山陽の『日本外史』が、これを天正二年のこととしており、史実との食い違いもみられるのである。そこで少しくわしく、この情景が詠まれたはずの、謙信による能登侵攻の過程を追いかけておきたい。

正しくは、謙信の能登遠征は天正五年（一五七七）である。謙信は織田信長と同盟関係にあったが、石山本願寺の顕如《けんにょ》、すなわち一向一揆と手を結んだため、信長と対立し始めた。その頃、信長の力が越前にまで伸びてきていたので、その対抗上、能登・加賀へ戦線を拡大せざるを得なくなったのである。

能登の戦国大名は一八五頁でみた畠山氏で、その居城が七尾城《ななお》である。ところが、この頃、畠山氏の当主は畠山春王丸《はるおうまる》という子どもで、それを重臣の長続連《ちょうつぐつら》・綱連《つなつら》父子、遊佐続光《ゆさつぐみつ》・温井景隆《ぬくいかげたか》らが補佐する形で、実権はこれら重臣が握っていた。

天正五年閏七月から謙信の軍勢が七尾城を囲み、同時に謙信は、敵方重臣の二人遊佐続光・温井景隆に内応工作を仕掛けており、九月十三日、石動山天平寺《せきどうさんてんぴょうじ》を本陣としていた謙信のもとに二人から内応承諾の返事が届いた。その時、喜んだ謙信が十三夜の月を眺めながら作ったというのが「九月十三夜陣中作」というわけである。ちなみに、実際に城が落ちたのはその二日後の九月十五日で、謙信が七尾城本丸に入ったのは、さらに遅れて九月二十六日のことであった。

よく、この「九月十三夜陣中作」の解説として、謙信が落とした七尾城で作ったとするものがあるが、二十六日では月が欠けてしまっている。

また、ふつうは『日本外史』に引用されている漢詩が有名であるが、史料によっては若干の違いがある。たとえば、湯浅常山の『常山紀談《じょうざんきだん》』（江戸時代中期に成立）では、

越中にて謙信月を賞せられし事

謙信越中にて、秋夜諸将をあつめ、月を賞して詩あり。

霜満軍営秋気清。数行過雁月三更。越山并得能州景。任他家郷念遠征。

となっている。

では、この「九月十三夜陣中作」は、本当に謙信の自作だったのだろうか。残念ながら、自作とする確証はない。また、これ以外に一つも漢詩を残していないことを併せ考えると、謙信は漢詩を作らなかったのではないかと考えられるのである。

直江兼続の漢詩

以上みたように、上杉謙信は漢詩を残さなかったと考えられるが、その謙信の養子景勝を補佐し、重臣筆頭として執政といわれた直江兼続はすばらしい漢詩をいくつも残しているので、次に直江兼続の漢詩をみることにしたい。

前述の石川忠久氏は『日本人の漢詩』の中で、「戦国武将中、もっとも漢詩の作り手は、と言えば、直江兼続に指を屈する」と兼続の漢詩を絶賛している。同氏によると、二十数首が伝わるという。その一つ、「洛中作」を取り上げ、注目すべき指摘を行っている。まず、その「洛中作」であるが、

洛中作

独在他郷憶旧遊　　独り他郷に在って旧遊を憶う
非琴非瑟自風流　　琴に非ず瑟に非ず　自から風流
団団影落湖辺月　　団団影は落つ湖辺の月
天上人間一様秋　　天上人間一様の秋

という七言絶句である。

この詩は、元和五年（一六一九）の京都滞在中、仲秋の名月の夜の作といわれている。兼続が亡くなるのがその年の十二月十九日のことなので、最後の詩作といっていいのかもしれない。

注目されるのは、本場中国の詩人たちの句を巧みに取り込んでいる点である。この点を石川氏は「即興詩であろう、いろいろな先人の詩の句を取りこんでいる」として、次のように述べている。

第一句は、王維の「独在異郷為異客〔独り異郷に在って異客と為る〕」、許渾の「楚雲湘水憶同遊〔楚《そ》雲湘《しょう》水同遊を憶う〕」。

第二句は、白楽天の「非琴非瑟亦非箏〔琴に非ず瑟に非ず亦《また》た箏に非ず〕」。

第三句は、六朝・梁の何遜《かそん》の「団団月映洲〔団団月は洲に映ず〕」。

第四句は、白楽天の「天上人間会相見〔天上人間会《かなら》ず相い見ん〕」、宋の杜秉《とへい》の「尋常一様窓前月〔尋常一様窓前の月〕」。

以上のように、毎句に先行作品を踏まえている。これより後、江戸の爛熟期の練り上げられた詩から見れば、このような先行作の取りこみ方は未熟の誇りを免れないが、この時期の詩としては素養の広さを誇示する意味があったと思う。

白楽天《はくらくてん》の詩は、戦国武将にもおなじみだったと思われるが、王維《おうい》とか、何遜とか、杜秉ともなると、よほど漢詩に興味がないと、まず接することはなかったであろう。兼続が、常にそうした漢詩を愛読していたことを物語っているのではないだろうか。

実は、兼続の蔵書の一つに『韻鏡《いんきょう》』という本があった。これは現在、市立米沢図書館の蔵書となっていて、かなり貴重な本である。兼続が漢詩を作る時の参考にしたものとみられている。

また、同じく兼続の蔵書だったものに『南化玄興文鑑写《なんかげんこうもんかがみうつし》』がある。これは、表紙は単に『文鑑』となっていて、慶長四年（一五九九）に京都妙心寺《みょうしんじ》の南化玄興が、兼続の求めに応じて『文鑑』を写し与えたものである。『文鑑』とは、漢文を記す際に使われる助字や文章の種類などを解説したものであり、現在は米沢市上杉博物館に収蔵され、「上杉家文書」の一部として国宝の指定を受けている。

このように兼続は、同時代の戦国武将の中においては、群を抜いて漢文に関心を持ち、実際に詩作も行っていたのである。二〇一〇年三月、天地人博二〇〇九実行委員会・米沢上杉文化振興財団によって『図説直江兼続——人と時代』という図録が発行され、そこに米沢市上杉博物館所蔵の「秋思」と、個人所蔵の「有感」の二つが紹介されているので、現代語訳も含めて次にみておきたい。

　秋思

雨匀紫菊叢々色　雨紫菊《しぎく》を匀《いん》す　叢々の色
風弄紅蕉葉々聲　風紅蕉《こうしょう》を弄《ろう》す　葉々の聲
北畔是山南畔海　北畔は是れ山　南畔は海
祇堪図画不堪行　祇《ただ》図画するに堪え　行くに堪えず

雨にぬれて紫の菊の色が整って見える。その一叢、一叢のさえた色よ。
風が紅の芭蕉をもてあそんでいる。その葉々の立てる風雅な音よ。
北のほとりは山であり、南のほとりは海である。
ただ、絵に描かれたものを楽しむのはよいが、このような土地に行くのはご免だ。

この掛軸を収める箱には「直江山城守秋思詩」と記されており、兼続の漢詩として伝えられたものである。絵画を眺めながら作詩したといわれている。年代は不明ながら、隠遁へ

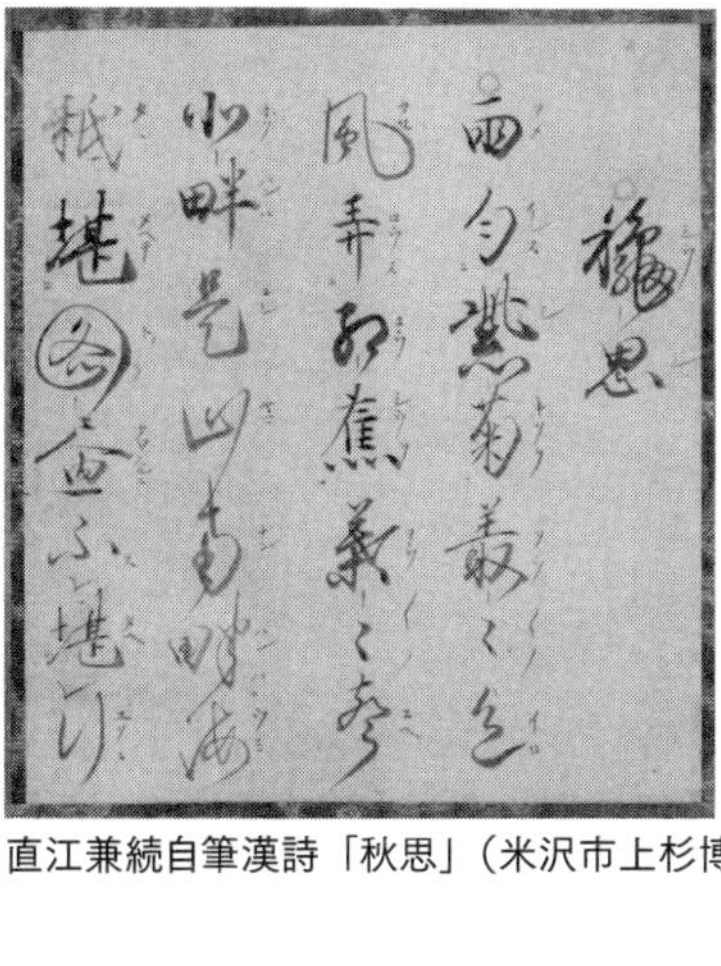

直江兼続自筆漢詩「秋思」（米沢市上杉博物館所蔵）

の憧れが表現されているという。もう一つが「有感」である。

有感

風竹粛々梧葉黄　風竹粛々《しゅくしゅく》として　梧葉《ごよう》黄なり
相思寸々断人腸　相思って　寸々人の腸《はらわた》を断つ
一聲塞管来何処　一聲《いっせい》の塞管《さいかん》　何れの処よりか来る
鴈帯秋雲入故郷　鴈　秋雲を帯びて故郷に入る

風にそよぐ竹はもの淋しく音を立て、梧の葉はすでに黄葉している。
今、私は人を思ってはらわたが切れ切れにちぎれるようなつらさを味わっている。
辺境の塞でふくような笛の音が一声したが、何処から聞こえてくるものか。
鴈が秋の雲をまとってやって来るのと一緒に、私も故郷へ入った。

これも、作詩された時期が不明なので、「はらわたがちぎれるようなつらさ」とは何を指しているのかわからない。ただ、「雁が戻る秋に自分も故郷に戻っていった」情景を詠っているのだとしたら、慶長五年（一六〇〇）の「東北版・関ヶ原の戦い」といわれる出羽長谷堂城《はせどう》（山形市）の戦いから撤退する自分の姿に重ね合わせたのかもしれない。

なお石川忠久氏は、ほかにもう一首「織女惜別」を挙げている。

織女惜別

二星何恨隔年逢
今夜連床散鬱胸
私語未終先洒涙
合歓枕下五更鐘

二星何ぞ恨みん年を隔てて逢うを
今夜床を連ねて鬱胸《うっきょう》を散ず
私語未だ終わらざるに先ず涙を洒《そそ》ぐ
合歓枕下　五更の鐘

現代語訳は省略するが、この詩について石川氏は、「これもかなり高い水準の表現をもって、艶かしい内容を詠っている。こういった作品を見ると、武将の詩壇にあって、兼続は突出した存在を示し、次の江戸の詩壇への橋渡しをした、と言えるだろう」と、高い評価を与えている。

ところで、兼続と同時代の伊達政宗の漢詩もなかなかのものなので、次に政宗をみておこう。

伊達政宗の漢詩

政宗は、永禄十年（一五六七）に伊達輝宗《てるむね》の長男として生まれ、天正九年（一五八一）に十五歳で初陣してからは戦いの連続だった。早くも二十三歳の天正十七年（一五八九）に、会津磐梯山麓の摺上原《すりあげはら》の戦いで蘆名義広《あしなよしひろ》を破り、奥州を代表する戦国大名となっている。

その後は、豊臣秀吉に従い、豊臣大名の一人として、葛西《かさい》・大崎《おおさき》一揆の鎮圧や、二度にわたる朝鮮出兵と、やはり戦乱の中に身を置く生活が続いていた。政宗が平安を取り戻したのは、慶長六年（一六〇一）に仙台城へ移って以降のことと思われる。その後、大坂の陣も終わって平和な世を迎えた時、若い頃からの戦乱の日々を追憶し、生涯を振り返った有名な漢詩がある。

酔余口号

馬上少年過　　馬上少年過ぎ
世平白髪多　　世平かにして白髪多し
残軀天所赦　　残軀《ざんく》天の赦《ゆる》す所
不楽是如何　　楽しまずして是れ如何《いかん》

若い時を馬上で過ごした少年も、平和な世になって白髪の翁になってしまった。天が与えてくれたこの老いの身を楽しまずにいられようか。

なお、最後の「不楽是如何」は、陶淵明《とうえんめい》の「山海経を読む」の「不楽復如何」をほぼそのまま借用しているとの指摘もあり、政宗自身、陶淵明などの詩にも親しんでいたことがうかがわれる。

実際、政宗はこの「酔余口号」の詩のように、その晩年は、若い頃の戦乱に取られてしまった時間を急いで取り戻すかのように、趣味に生きているのである。グルメ大名としても有名であり、茶の湯もなかなかの腕前で、いくつもの名物茶器を手に入れている。

ところで、政宗の遺品は現在、ほとんどが仙台市博物館に収蔵されているが、その中にも政宗自筆の漢詩がある。その一つ、「春雪」をみておこう。

春雪

餘寒無去発花遅　　餘寒去ること無く花のひらくこと遅し
春雪夜来欲積時　　春雪夜来りて積らんと欲する時
信手猶斟三盞酒　　手にまかせてなお斟す三盞の酒
酔中独楽有誰知　　酔中の独楽誰か知る有らん

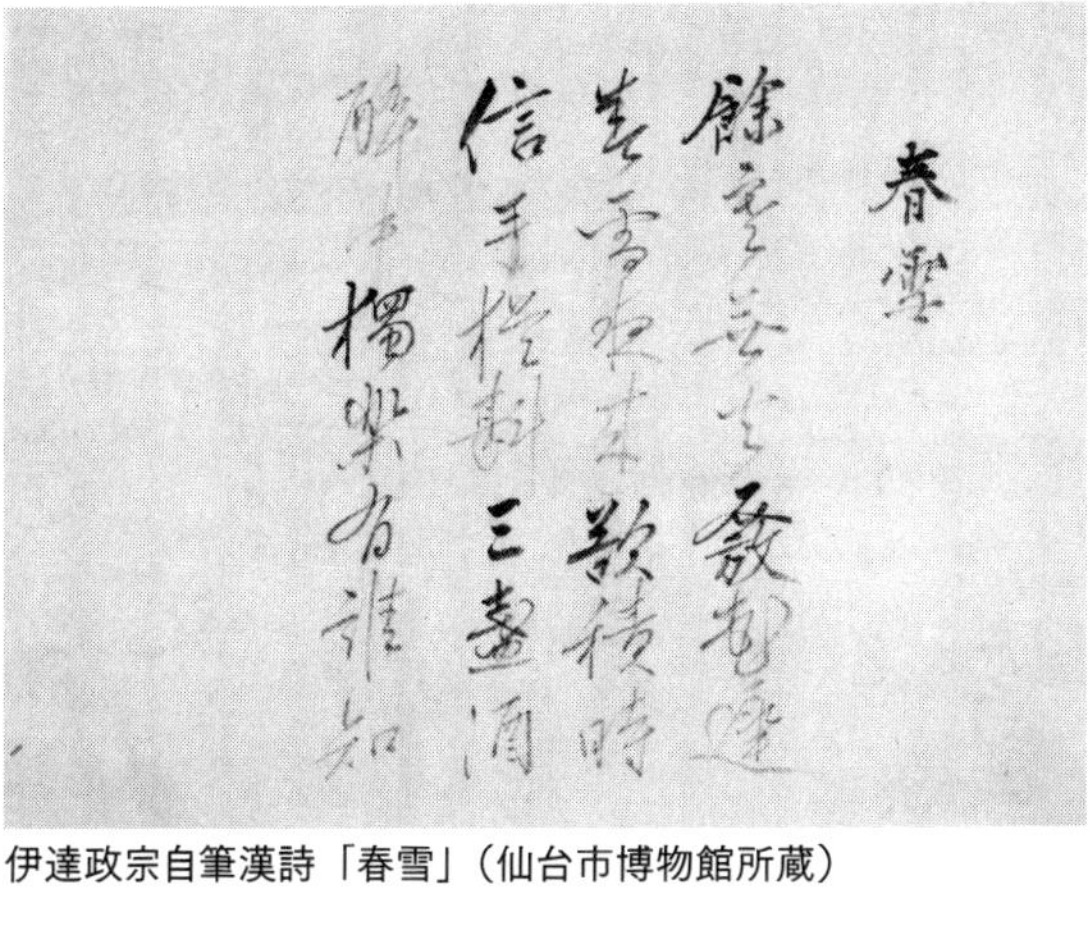

伊達政宗自筆漢詩「春雪」（仙台市博物館所蔵）

現代語訳は省略するが、これは寛永四年（一六二七）正月に、政宗が諸山の和尚を招いて会飲した時に詠じた漢詩と伝わっている。なお、政宗が亡くなるのは寛永十三年（一六三六）のことである。

代表的な歌集を習得する武将たち

ここまで信玄・謙信・兼続・政宗の漢詩の腕をみてきたが、当時は和歌・連歌も盛んで、武将たちも歌集には親しんでいた。四八頁で述べた毛利氏の家臣玉木《たまき》吉保《よしやす》は、十五歳で『古今集』『万葉集』『伊勢物語』を読んでおり、歌集習得は大人への階段の第一歩だったことがわかる。和歌は、荒々しい、すさんだ戦国時代における清涼剤というか、一種の潤滑油のような役割を果たしていた。これについては、『備前物語《びぜんものがたり》』におもしろいエピソードがある。

いつのことかわからないが、駿河・遠江・三河の三ヵ国を領していた今川義元《よしもと》が戦場に出ていた時のことという。今川義元といえば、当時、和歌の名門として知られる冷泉為和《れいぜいためかず》を駿府に招き、和歌の指導を受けていた文化人大名の代表である。

その義元が、戦場で一人の家臣を呼んで、「先手の様子を見てこい。すぐ戻るのだぞ」と命令した。ところが、様子を見にいった家臣は、すでに戦いが始まってしまっていたので、やむを得ず一緒になって戦い、首を一つとって義元の前に戻ってきた。義元は、「様子を見てこいと言っただけなのに、戦いに加わるとは何ごとか、軍令違反である」とその家臣を叱りとばしたのである。

主君に叱られたその家臣は小さくなりながら、そばにいた近習の者に小声で、藤原家隆《いえたか》の歌に、「苅萱《かるかや》に身に入《し》む色は無けれども、見て捨て難き露の下折」というのがあったなと話した。

家臣がブツブツ近習の者と話しているのを聞きとがめた義元は、さらに怒って「今、何と申した」と近習に聞いたところ、藤原家隆の歌だということがわかった。そこで義元はしばらく考え込み、「急なるに臨みて、奇特に家隆の歌を思ひ出せし事名誉なり」と言って、軍令違反の罪が帳消しにされたという。どこまでが実際にあったことなのかは不明ながら、こうした例はほかにもあったかもしれない。和歌が、ギスギスした人間関係や、すさんだ武将たちの心を和ませたことは確かであろう。

歌集は、八代集《はちだいしゅう》といわれる『古今集《こきんしゅう》』『後撰集《ごせんしゅう》』『拾遺集《しゅういしゅう》』『後拾遺集《ごしゅういしゅう》』『金葉集《きんようしゅう》』『詞花《しか》集《しゅう》』『千載集《せんざいしゅう》』『新古今集《しんこきんしゅう》』の八つが有名であるが、武将たちが一番親しんだのは『古今集』であった。

『古今集』は、正式には『古今和歌集』で、わが国最初の勅撰和歌集である。撰者は紀貫之《きのつらゆき》・紀友則《とものり》・凡河内躬恒《おおしこうちのみつね》・壬生忠岑《みぶのただみね》らで、延喜五年（九〇五）の成立といわれている。もっとも、その年に撰集が始まったともいわれるが、いずれにせよ、平安前期の成立で、全二十巻、歌の数は一千百首に及んでいる。

その「仮名序」に、

やまとうたは人の心をたねとして、よろづの言の葉とぞなれりける。世の中にある人のことわざしげきものなれば、心に思ふことを見るもの聞くものにつけて言ひいだせるなり。花に鳴くうぐひす、水に棲むかはづの声をきけば、生きとし生けるものいづれか歌をよまざりける。

とある。武将たちも読んでいたであろうこの「仮名序」からは、日本人の美意識が強く感じられる。『方丈記《ほうじょうき》』で知られる鴨長明《かものちょうめい》が『無名抄《むみょうしょう》』の中で、「日本人の美意識はすべて古今和歌集の中に入っている」といった趣旨のことを記しているが、『古今集』とはそういった歌集だったのである。

こうして、武将たちも『古今集』などを読み、自分の歌の腕を磨いていた。北条早雲（伊勢宗瑞）の有名な「早雲寺殿廿一箇条」の中にも、

一、歌道なき人は、無手に賤き事なり。学ぶべし。常の出言《しゅつごん》に慎《つつし》み有べし。一言にて人の胸中しらるゝ者也。

と記されている。「歌の嗜みがないようでは品格が劣る」と決めつけているわけで、合戦また合戦、と厳しい環境の中でも歌心は失わないように努力していたことがわかる。

米原正義氏の「元就の信仰と文芸」（河合正治編『毛利元就のすべて』新人物往来社）では、毛利元就が『古今集』をよく読んでいたことと、元就自身が詠んだ歌が『春霞集《しゅんかしゅう》』としてまとめられていることを明らかにしている。『春霞集』から、元就の歌をいくつか紹介しておきたい。

いづくより年のこなたの春霞
　立きてけふの色をみすらん

石見がた雪より馴るゝ友とてや
　心のかぎり打とけにけり

ちる花を詠めずしもや里人の

只春雨に小田返すらん
岩つゝじ岩ねの水にうつるひの
影とみるまで詠暮《ながめ》しつ

米原氏によると、伝統的で優美な歌が多いが、どこか一抹の孤独な感傷が漂っているようだという。

次にもう一人、漢詩のところでも取り上げた伊達政宗についてみておきたい。政宗は『古今集』だけでなく、『新古今集』もよく読んでいた。『新古今集』は『古今集』からちょうど三百年後の元久二年（一二〇五）に完成したもので、八代集の最後にあたる。仙台市博物館には、「三十六人歌合《うたあわせ》」という、柿本人麿らの三十六歌仙の和歌を一首ずつ選んで書き写した政宗の自筆のものが伝わっている。読んだだけでなく、それを筆写していたわけで、相当、和歌にのめり込んでいたことがうかがわれる。

政宗の場合、歌集を読んだり、有名人の歌を筆写していただけでなく、自らも和歌を詠んでいたことが知られている。文禄三年（一五九四）二月二十七日から三十日まで、豊臣秀吉が吉野の花見に出かけた時、政宗もこれに従い、二十九日には、秀吉と一緒になって和歌を詠んでいるのである。

この時の歌集である「文禄三年吉野山御会御歌」によると、公卿や歌人以外で、武将として名を連ねているのは、豊臣秀次《ひでつぐ》・徳川家康・小早川秀秋《こばやかわひであき》・宇喜多秀家《うきたひでいえ》・前田利家《まえだとしいえ》と政宗だけである。小早川秀秋と宇喜多秀家は、いわば豊臣一族の武将なので、実力という点でみると、家康・利家・政宗の三人だけということになる。この年、政宗はまだ二十八歳の若さであり、ある意味、破格の抜擢といった感がある。政宗の和歌の腕を秀吉も認めていたのかもしれない。

その「文禄三年吉野山御会御歌」から、それぞれ出された題によって詠んだ政宗の歌をみておきたい。

はなのねがひ

おなじくはあかぬ心にまかせつつ
　ちらさで花を見るよしもがな

はなをちらさぬかぜ

とをくみし花の木ずゑもにほふなり
　枝にしられぬ風やふくらん

たきのうへの花

よし野山たきのながれに花ちれば
　いせきにかかる浪ぞたちそふ
かみのまへのはな
むかしたれふかきこころのねざしにて
　この神垣の花をうへけん
はなのいはひ
君がためよしのの山の槇の葉の
　ときはに花の色やそはまし

こうした歌会において、恥をかかないためにも、ふだんから歌を詠む練習をし、また有名な歌人の歌を『古今集』や『新古今集』から学んでいたのである。

それだけではなく、政宗は、家臣との書状のやりとりの中で歌の交換をしていたことが、佐藤憲一氏の『伊達政宗の手紙』（新潮選書）から浮き彫りになってきた。それは、松島の瑞巌寺《ずいがんじ》所蔵文書の一通で、年月日未詳、保土原江南斎宛ての書状である。

今日の雪、珍しく存じ候。定めて詩歌ども、お作りあるべき分に候。狂歌一首進じ候。誠に腰折れとやらん、手足共に折れ候と存じ、さて〳〵呵々大笑々。かしく。

春たちてさえ帰りぬる木のもとに
　まがへてふれる花の初雪

花のはつ雪とは、むりなることばに候や。かなたこなた御あらため候て、除庵見せられ、御わらひ候べく候。来夕は鈴七所へ参ることに候。終夜咄し申すべく候。かしく。

越前守

政宗

（封印）江南老
几下

佐藤憲一氏は、和歌に「春たちて」、つまり立春を詠んでいることから慶長元年（一五九六）十二月の書状ではないかと推定している。ちなみに、その年の立春は十二月十八日だという。なお、文中の「鈴七」というのは、政宗の重臣鈴木七右衛門元信《すずきしちえもんもとのぶ》のことであり、能や茶道にも通じた文化人としても知られている。政宗が、保土原江南斎や鈴木元信ら家臣たちと、こうした和歌を通してつながりを強めていたことがうかがわれる。和歌は、家臣たちとのコミュニケーション作り にも役立っていたのである。

「家譜」の限界

江戸時代、それぞれの大名家では家の歴史をまとめた「家譜《かふ》」の編纂が盛んとなった。これは、一つには、幕府から系図や「家譜」の提出が命じられたからであるが、大名家側でも、わが家のルーツを明らかにしておこうという意向が強くなったからであった。

「家譜」は、質的にも量的にも千差万別で、あっさりしたものもあれば、重厚なものもある。質量ともに秀逸な「家譜」として知られるのが、福岡藩黒田家が編纂した『黒田家譜』である。これは、藩の儒学者貝原益軒《かいばらえきけん》が中心になってできたもので、よく史料にあたっており、今日、黒田官兵衛や長政の事績を知る上で不可欠な史料的価値を持っている。

しかし、限界もある。それは、黒田家にとってマイナス・イメージになることは削除されたり、筆が曲げられたりしているからである。『黒田家譜』には、官兵衛がキリスト教に入信したことも、晩年まで教会に援助していたことも書かれていない。

九、徳川家康の愛読書と印刷出版事業

駿河文庫の主な蔵書

戦国武将がどのような本を読んできたかが一番よくわかるのは徳川家康である。そこで、本書の締めくくりとして、家康が愛読してきた本を取り上げ、また家康が手がけた出版事業についても触れておきたい。

江戸時代の狂歌に、「織田がつき、羽柴がこねし天下餅、座りしままに食うは徳川」などというのがある。これは、何もしていない家康に天下の座が転がり込んできたかのような捉え方をするものだが、それは間違いで、先を走った信長・秀吉のよいところ、悪いところをしっかり見て、よいところを伸ばし、悪いところを修正することによって、二百六十年以上も続く長期安定政権を樹立することができた、と捉えるべきである。

そして、信長・秀吉の二人と家康との決定的な違いは、先に走った二人にくらべ、家康が読書家だったこと、特に歴史の本を読んでいたことにある。家康は歴史に学んでいたのである。

一例を挙げておこう。慶長五年（一六〇〇）九月十五日、関ケ原の戦いの当日である。美濃赤坂《あかさか》（岐阜県大垣市）の陣所を出た家康が、関ケ原で最初に本陣としたのは桃配山《ももくばり》だった。その山が、特に守りに適していたというわけではない。その名前、もっと言えば、名前の由来が理由であった。

実は、この桃配山というのは、古代の壬申《じんしん》の乱の時、天智《てんじ》天皇の弟大海人皇子《おおあまのおうじ》がここで将兵に桃を配り、戦いに臨んで天智天皇の子大友皇子を打ち破ったという由緒ある場所だったのである。家康はこの故事を知っていて、自分を古代の勝者である大海人皇子、すなわち天武《てんむ》天皇になぞらえていたのである。勝てるかどうかわからず、不安感を抱く部将たちに対して、「勝てる」と思わせるパフォーマンスでもあった。歴史書を読んでいたからこそできた芸当であり、これは信長・秀吉の二人には真似ができないことと思われる。

では、家康はどのような本を読んでいたのだろうか。家康は慶長十年（一六〇五）、

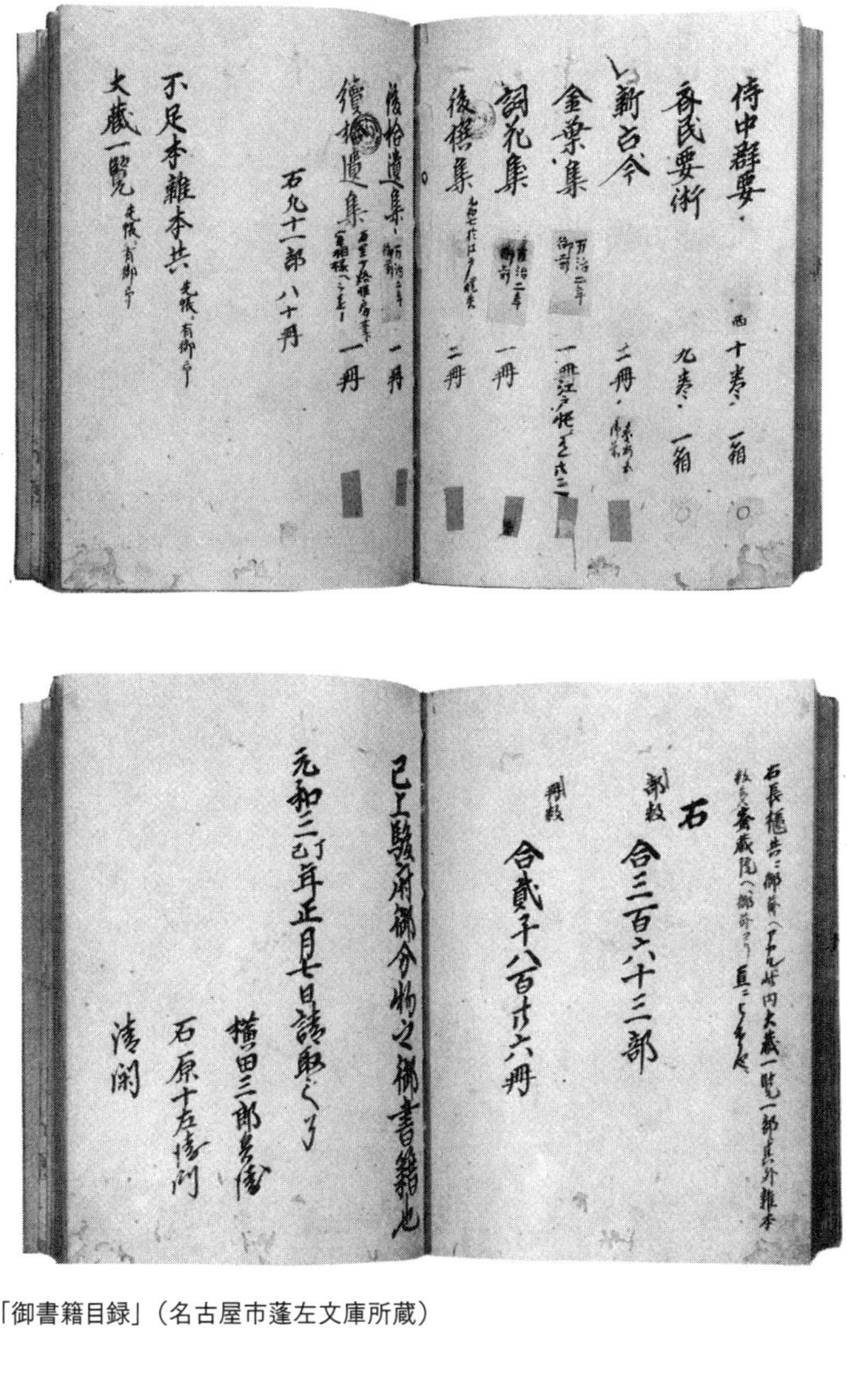

「御書籍目録」（名古屋市蓬左文庫所蔵）

将軍職を子秀忠に譲って駿府城に隠居した時、それまで蒐集した蔵書のほとんどを秀忠に譲っているが、駿府城主時代にも本を蒐集し、城内に駿河文庫という名の私設図書室を設けていた。

家康は、生前に一度、歿後に一度、その蔵書の一部を秀忠に譲渡しており、将軍職を譲られた時の蔵書と合わせて、江戸城内の富士見亭《ふじみてい》に設けられた文蔵《ふみくら》に収蔵された。これが紅葉山《もみじやま》文庫の始まりである。二度にわたって譲られた本は「駿河御本」、または単に「御本」と呼ばれ、「本朝の旧記」と呼ばれるものが主であった。

紅葉山文庫に収められた「駿河御本」を書き上げた「御本日記」と呼ばれる目録（徳川美術館・徳川博物館編『家康の遺産――駿府御分物』）によると、『先代旧事記《せんだいくじき》』『古事記《こじき》』『釈日本紀《しゃくにほんぎ》』などで、「本朝の旧記」というのがこれにあたる。ほかに『懐風藻《かいふうそう》』『経国集《けいこくしゅう》』『文華秀麗集《ぶんかしゅうれいしゅう》』といった漢詩文集もあった。

注目されるのは、秀忠に譲ったのは、大御所として駿府に隠居してから蒐集した蔵書のほんの一部で、駿河文庫の蔵書のほとんどは九男義直《よしなお》の尾張徳川家、十男頼宣《よりのぶ》の紀州徳川家、十一男頼房《よりふさ》の水戸徳川家、すなわち「徳川御三家」に譲られていたことである。

駿河文庫の蔵書は一千余部、約一万冊に及んだといわれ、その主なものを和書と漢籍で分けると次のようになる。

和書　『日本書紀《にほんしょき》』『続日本紀《しょくにほんぎ》』『延喜式《えんぎしき》』『吾妻鏡《あずまかがみ》』『建武式目《けんむしきもく》』『源平盛《げんぺいせい》衰記《すいき》』

漢籍　『貞観政要《じょうがんせいよう》』『周易《しゅうえき》』『論語《ろんご》』『中庸《ちゅうよう》』『大学《だいがく》』『六韜《りくとう》』『三略《さんりゃく》』『史《し》記《き》』『漢書《かんしょ》』『群書治要《ぐんしょちよう》』

歴史書以外にも、中国の政治論書や兵法書などを幅広く読んでいたことがうかがわれる。もちろん、本を持っているからといって、そのすべてを読破したということにはならないが、家康の場合は、実際に手に取り、かなり読んでいたのではないかと思われる。

侍医板坂卜斎の観察

家康の侍医の一人に板坂卜斎《いたざかぼくさい》という者がいた。その卜斎が、家康の言行を覚書として残しており、『慶長記《けいちょうき》』という書名で伝えられている。書名は『慶長年中板坂卜斎覚書』とか『慶長板坂卜斎覚書』などとなっている場合

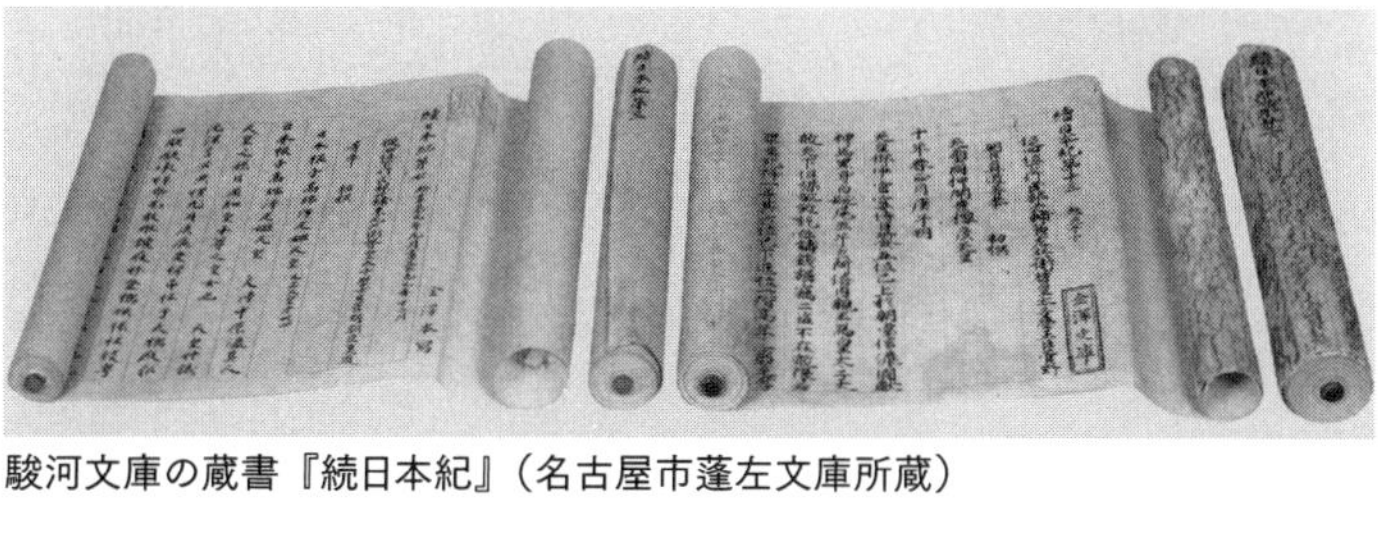

駿河文庫の蔵書『続日本紀』（名古屋市蓬左文庫所蔵）

もある。
日頃、侍医として家康のすぐそばにいたので、この『慶長記』という史料は家康の日常を知る上では貴重なものである。その『慶長記』中に、慶長五年（一六〇〇）のこととして、次のような記述がある。

家康公、書籍すかせられ、南禅寺三長老・東福寺哲長老・外記・局郎・水無瀬中納言・妙寿院・学校兌長老なと、常々被レ成二御咄一候故、学問御好、殊の外の文字御鍛練と心得、不案内にて、詩歌会の儀式ありと承候。根本、詩作、連歌は御嫌、論語・中庸・漢書・六韜三略・貞観政要、和本は、延喜式・東鑑なり。其外色々、大明にては高祖寛仁大度を御ほめ、唐太宗・魏徴を御ほめ、張良・韓信・大（太）公望・文王・武王・周公旦、日本に而は、頼朝を常々御咄に被レ仰候。

ここに「家康公、書籍すかせられ」とあるように、まわりの人々も家康が本好きだったことを認識していたことがわかる。前半部分では、家康が京都の南禅寺《なんぜんじ》や東福寺《とうふくじ》といった臨済宗の寺の長老、さらには水無瀬《みなせ》中納言《ちゅうなごん》兼成《かねなり》といった公家たちと交わり、学問のことを話題にしていたこともうかがうことができる。
注目されるのは、学問好き、本好きではあったが、詩歌の会は好きではなく、詩作や連歌は嫌っていたという点である。この場合の詩作は漢詩で、確かに家康が漢詩を作ったという記述はなく、残された漢詩もないので、もっぱら本を読むのに時間を使ったということであろう。

後半部分では、家康が日頃、どのような本を読んでいたかがリストアップされており、のちの駿河文庫の蔵書目録と重なるものがある。『東鑑』は『吾妻鏡』のことで、これが家康の愛読書のナンバーワンではないかと思われる。最後の、「頼朝を常々御咄に被レ仰候」というのは事実であろう。家康が幕府を、京都でもなく大坂でもなく江戸に置いたのは、豊臣秀吉の小田原攻め後の論功行賞によって、家康の所領が関東になったことも関係してはいるが、頼朝によって始められた鎌倉幕府を強く意識していたからであった。読書は、このような形で家康の政権構想と深く関わっていたのである。

蔵書を通じた家康と直江兼続の交流

以上みてきたように、家康は戦国時代を代表する蔵書家であったが、それに匹敵する蔵書家がもう一人いた。上杉景勝の執政として知られる直江兼続である。そして、意外なことに家康と兼続は、それぞれの蔵書を通じて交流があった。

直江兼続については、『古文真宝後集抄《こぶんしんぽうこうしゅうしょう》』を書写したことや（一五三頁）、漢詩の達人だったこと（二〇二頁）などについて、すでに触れてきたが、周知の通り、慶長五年（一六〇〇）の関ケ原の戦いでは、家康と敵味方に分かれている。

関ケ原の戦いの、そもそものきっかけの一つは、家康からの詰問状《きつもんじょう》に対する兼続の反論、すなわち「直江状」にあった。「直江状」に怒り、家康が会津攻めを決意したとされている。

戦後、上杉景勝は、それまでの会津百二十万石から、四分の一に減らされて米沢三十万石になったわけで、その時点では、家康と兼続は双方とも、相手を憎んでいたはずである。ところが、その後、家康は兼続の蔵書に注目し、所蔵の問い合わせをしているのである。

元和二年（一六一六）三月十日、家康が亡くなる一ヵ月ほど前のことであるが、家康の政治顧問である金地院崇伝《こんちいんすうでん》（以心崇伝《いしんすうでん》。一五六九～一六三三。臨済宗の僧。「黒衣の宰相」といわれた）が、家康の意向を受けて、兼続に書状を認《したた》めている（『本光国師日記《ほんこうこくしにっき》』二十）。

一書令二啓達一候。律令并群書治要被レ成二御所持一候哉、従二拙老一内證可二相尋一旨御諚候。御報ニ示預候者御前江可二申上一候。恐惶謹言。

三月十日（元和二年）　　　金地院
直江山城守殿

要するに、家康が『律令《りつりょう》』と『群書治要』を兼続が所持しているかどうか、金地院崇伝を通して調べさせた時の書状で、これは、家康が手がけていた『群書治要』の開版に関わるものであった。家康としては、よりよい本によって校合したいと考えていたのであろう。「蔵書家兼続なら持っているのではないか」と思ったわけで、それだけ兼続がたくさんの本を持っていたことが広く知られていたことを物語っている。関ケ原の戦いの時には奥州で戦った相手ではあるが、この頃には、そのわだかまりも消えていたのであろう。同じ、本を愛する仲間として見ていたものと考えられる。

散佚する恐れのある書籍の蒐集と書写

家康は、百年余にわたって争乱状態が続いたことで書籍が散佚していたことから、その保存に動いている。『徳川実紀』の「東照宮御実紀附録巻二十二」に（適宜読点を付した。以下、同書からの引用は同じ）、応仁よりこのかた百有余年騒乱打つゞき、天下の書籍ことぐく散佚せしを御嘆きありて、遍く古書を購求せしめらる。この時諸家より献りしもの亦少からず。菊亭右府晴季公よりは、金沢文庫に蔵せし律令を献ぜらる。こは武州金沢に在しを、関白秀次取て蔵せられ、後に菊亭に贈られしを今又献ぜしなり。

とあり、公家などから献上されていたことがうかがわれる。

右にみえる金沢文庫《かねさわぶんこ》（横浜市金沢区）の蔵書は、関白豊臣秀次《ひでつぐ》の命によってかなりの部分が持ち出されており、貴重な蔵書だったにもかかわらず、鎌倉幕府の滅亡後は管理体制も不十分で、維持が難しい状態に置かれていた。

そこで家康は、慶長七年（一六〇二）六月、金沢文庫から一千六百七十九巻、四百六十九冊の貴重書を江戸城に移し、富士見亭の文蔵に入れている。

さらに家康は、天皇家や公家、寺院などが所蔵している貴重書の謄写《とうしゃ》も行っていた。「東照宮御実紀附録巻二十二」に注目すべき記述がある。

院の御所をはじめ、公卿の家々に伝ふる所の本邦の古記録を、遍く新写せしめ給はんとの盛慮にて、内々　院へも聞えあげ給ひ、公卿へもその旨仰下され、五山僧徒の内にて能書の者を撰ばしめ、卯刻より酉刻まで、日毎に京の南禅寺にあつまり書写せしめられ、林道春信勝、金地院崇伝これを惣督す。この時御写に成し書籍は、旧事記・古事記・日本後紀・続日本後紀・文徳実録・三代実録・国史・類聚国史・律・令・弘仁格・同式・貞観格・同式・延喜格・同式・新式・類聚三代格・百錬鈔・江家次第・新儀式・北山鈔・西宮鈔・令義解・政事要略・柱下類林・法曹類林・本朝月令・新撰姓氏録・除目鈔・江談鈔・会分類聚・古語拾遺・李部王記・明月記・西宮記・山槐記・類聚三代格（重出）・釈日本記・名法要集・神皇系図・本朝続文粋・菅家文集（章）等なり。これ等の書籍其比までは、家々にひめ置のみにて、世の人書名をだに記すものなかりしが、この時新写有しにより、公武の規法もこれ等に根拠し、撰定せられ、後々には世上にもうつし伝へ、今の世に至りても国書をよむもの、本邦古今の治乱盛衰を考へ、制度典章の沿革せし様を伺ひ知る便を得しは、全く当時好文の御余沢による所なり。かしこみてもなをあまりある御事にぞ。

『古事記』や『日本後紀』などよく知られたものから、『北山鈔《ほくざんしょう》（抄）』『西宮鈔《せいきゅうしょう》（抄）』（「さいぐうしょう」とも）など、ほとんど知られていないものまでとりどりであるが、家康が慶長十九年（一六一四）四月から五山の禅僧らに書写を命じたものである。ここには和書しか書かれていないが、『駿府記』の慶長十九年四月五日条には、

五日　群書治要、貞観政要、続日本紀、延喜式、御前より出し、五山衆に、公家、武

家法度たるべきのところ、書き抜かしむべきの旨仰せ出さる。金地院崇伝、道春これ
を承る。

とある。道春は林道春《はやしどうしゅん》で、林羅山《らざん》のことである。古典籍の書写が、金地院崇伝《こんちいんすうでん》と林羅山の二人によって進められていたことがわかる。

なお、ここには出てこないが、この時、家康は一つの書籍について同じものを三部書写させたという。一つを禁裏《きんり》に、一つを江戸城の文蔵に、一つを駿府城の駿河文庫に備えており、これは万一の際に、いずれか一つが後世に残るようにとの配慮だったという。

家康が手がけた出版事業

前述したように、家康は天文十八年（一五四九）から永禄三年（一五六〇）までの十一年間、今川義元の人質として暮らし、その間、太原崇孚《たいげんそうふ》、すなわち雪斎《せっさい》という高僧の指導を受けて育ったが、その雪斎が「駿河版」と呼ばれる印刷事業を行っていたのを間近で見ていた。雪斎が印刷したのは『聚分韻略《しゅうぶんいんりゃく》』と『歴代序略《れきだいじょりゃく》』で、『聚分韻略』は漢詩を作る時の音韻の手引き書、『歴代序略』は中国の歴史書である。家康は、書籍を印刷出版する利点を知

っていたものと思われる。
家康は、戦国争乱に終止符を打つための方策をいろいろと考えていたが、文治政治を一つの柱にしようとしており、出版事業を推進している。「東照宮御実紀附録巻二十二」に、

人倫の道明かならざるより、をのづから世も乱れ国も治まらずして騒乱やむ時なし。この道理をさとししらんとならば、書籍より外にはなし。書籍を刊行して世に伝へんは仁政の第一なり。

とあるように、書籍刊行に踏みきっているのである。
具体的には、足利学校の第九世庠主閑室元佶《しょうしゅかんしつげんけつ》を山城国の伏見《ふしみ》に招いて、足利学校の京都分校ともいうべき円光寺《えんこうじ》学校（京都市左京区一乗寺小谷町）を建立し、そこで十万余の木版活字を作り、印刷事業を始めさせているのである。場所が伏見であることから、この時、印刷された書籍は「伏見版」と呼ばれ、次に示す七種十一版が、慶長四年（一五九九）から同十一年（一六〇六）にかけて刊行された。

漢籍（六種十版）
『孔子家語《こうしけご》』『六韜《りくとう》』『三略《さんりゃく》』『貞観政要《じょうがんせいよう》』『周易《しゅうえき》』『七書《しちしょ》』（「武経《ぶけい》七書」の内の五版）
和書（一種一版）

『東鑑《あずまかがみ》』

なお、和書の『東鑑』はすでにみたように『吾妻鏡』のことで、家康の愛読書、座右の書といってよいが、自分が好きな本を多くの人にも読んでもらいたいとの思いがあったらしい。また、この『東鑑』には隠されたエピソードがあった。

『東鑑』が刊行されたのは慶長十年（一六〇五）のことであるが、その前年に『吾妻鏡』の一番の善本といわれた一揃いが、筑前福岡藩主黒田長政《くろだながまさ》から徳川秀忠《ひでただ》に献上され、それを家康が手にしていたとされてきた。それは、『寛政重修諸家譜《かんせいちょうしゅうしょかふ》』（文化九年〔一八一二〕に完成した幕府編纂の大名・旗本の系譜集）に、そのように書かれていたからである。しかし、その後の研究で、全部献上したわけではなかったことが明らかにされている。実は、この黒田長政所持の『吾妻鏡』には一つのドラマがあったのである。

天正十八年（一五九〇）の豊臣秀吉による小田原攻めの時、豊臣軍は二十一万とも二十二万ともいわれる大軍で小田原城を包囲しながら、北条氏が築いた惣構《そうがまえ》と呼ばれる大外郭《だいがいかく》に阻まれ、攻めあぐねていた。籠城戦の最終段階で、秀吉の軍師黒田官兵衛が単身、小田原城に乗り込み、説得して開城に持ち込んでいるのである。

その時、引出物として、北条氏直《うじなお》から、日光一文字《にっこういちもんじ》の名刀（福岡市博物館所蔵の国宝）と、北条家伝来の『吾妻鏡』が官兵衛に譲られていた。それを官兵衛の子長政が家宝として所持していたわけである。

そして、家康が伏見版『東鑑』を出版するに際して、自分の所蔵本とこの黒田家所蔵の北条本を底本として用いたといわれている。

なお、家康は慶長十年（一六〇五）四月、将軍職を秀忠に譲っている。将軍職を退いた人のことを大御所《おおごしょ》といい、家康は同十二年、駿府城に移った。ここにおいて、家康の駿府大御所政治が始まる。

家康が将軍職をわずか二年で秀忠にバトンタッチしたのは、大坂方に対する一種の最後通牒の意味があったといわれている。というのは、大坂城の淀殿《よどどの》・秀頼《ひでより》母子は、家康が慶長八年に将軍になったのを、「秀頼成人までの中継ぎ」とみていたからである。どうも「秀頼が成人して関白になれば、将軍は不用になる」と考えていた節がある。家康は、「将軍職は徳川家が世襲する」という事実を大坂方に突きつけたのである。

こうして、江戸の将軍秀忠、駿府の大御所家康という二つの頭ができた。ふつうこの体制を「二元政治」と呼んでいるが、厳密にいうとそのいい方は正しくなく、むしろ駿府の大御所家康のまわりにブレーンが集まり、政策立案がなされ、それを江戸の将軍秀忠に伝えて実行させるという形であった。つまり、駿府が頭で、江戸は手足というわけである。

家康は、その駿府でさらに出版事業を推進する。それが「駿河版」である。奇しくも、家康自身が今川氏人質時代に目にした「駿河版」の再現ということになる。

「伏見版」は木版活字であったが、「駿河版」は銅版活字を鋳造させている。「駿河版」誕生のいきさつは、『駿府記』の慶長十九年（一六一四）八月六日の記事によって判明する。八月六日のところに、

　大蔵一覧、伝長老これを献ず。仰せて曰く、此の書重宝なり。百部か二百部開板すべし。幸銅字廿万字これある由仰せ出さると云々。

とあるように、伝長老、すなわち金地院崇伝が家康に『大蔵一覧《だいぞういちらん》』を献上したところ、それを読んだ家康が、「これは重宝だ。百部か二百部印刷せよ」と命じたのが始まりである。

この『大蔵一覧』という本は、正式には『大蔵一覧集』といって、宋の陳実が、仏典の中から最も必要な部分を抜粋して編集したものである。銅版活

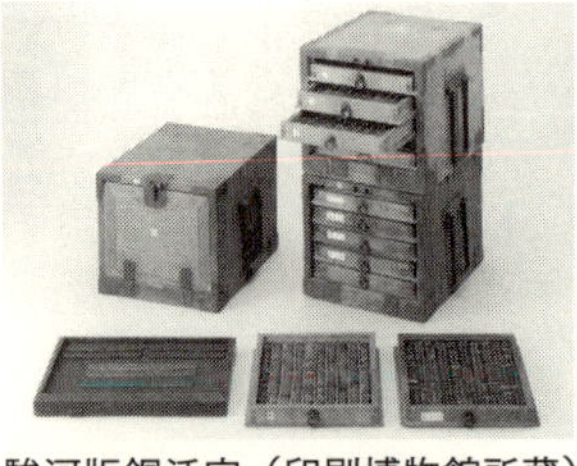

駿河版銅活字（印刷博物館所蔵）

字を使っての印刷は駿府城内で行われ、駿府の臨済寺《りんざいじ》および興津《おきつ》の清見寺《せいけんじ》といった臨済宗の僧侶にも手伝わせて、翌慶長二十年（一六一五）六月晦日に完成している。

「駿河版」のもう一つが『群書治要《ぐんしょちよう》』である。この『群書治要』は、唐の太宗《たいそう》が魏徴《ぎちょう》らに命じ、群書の中から政治上の要諦を抜粋させたもので、「帝王学の書」などといわれ、元和二年（一六一六）一月から準備にかかり、京都から職人や、校合を担当する五山の僧たちが駿府に呼ばれ、金地院崇伝と林羅山の指導のもと、作業が進められた。印刷のための底本の書写・校合には、駿府の臨済寺・宝泰寺《ほうたいじ》・清見寺の僧侶も手伝っており、『大蔵一覧集』と同じように銅版活字である。

『群書治要』の印刷を金地院崇伝・林羅山に命じたのが一月十九日であるが、その二日後の二十一日、家康は駿河の田中《たなか》（静岡県藤枝市）に鷹狩りに出かけ、そこで腹痛を起こした。この時の発病は、田中城に宿泊した際、京都から御機嫌うかがいに来ていた豪商茶屋《ちゃや》四郎次郎《しろうじろう》の勧める榧《かや》の油で揚げた鯛の天ぷらを食べすぎたのが原因といわれている。

それから病気がちとなり、死期が近いことを悟った家康は、駿河文庫の蔵書を、九男義《よし》直《なお》（尾張）・十男頼宣《よりのぶ》（紀伊）・十一男頼房《よりふさ》（水戸）に、五・五・三の比率で配分することを林羅山に命じている。これが「駿河御譲本」である。

羅山は家康が健在な内に『群書治要』を完成させたいと、作業を急がせたが、家康は結局、その年の四月十七日に歿し、『群書治要』を手にすることはできなかった。ちなみに、『群書治要』が完成したのは五月下旬のことであった。

なお、『群書治要』の印刷に使われた銅版活字は、家康の死後、駿府城主となった頼宣がそのまま引き継ぎ、駿府城に置かれていた。その後、元和五年（一六一九）に頼宣が和歌山へ移っていった際に、銅版活字も和歌山城へ運ばれ、和歌山城の天守に置かれていた。

ところが、弘化三年（一八四六）七月二十六日、天守に雷が落ちて天守が焼失した時、銅版活字の入った箱の内の十数箱がかろうじて運び出されただけで、あとは焼失してしまったのである。この時、無事に運び出されたものが、その後、印刷博物館の所蔵となり、現在、国の重要文化財に指定されている。

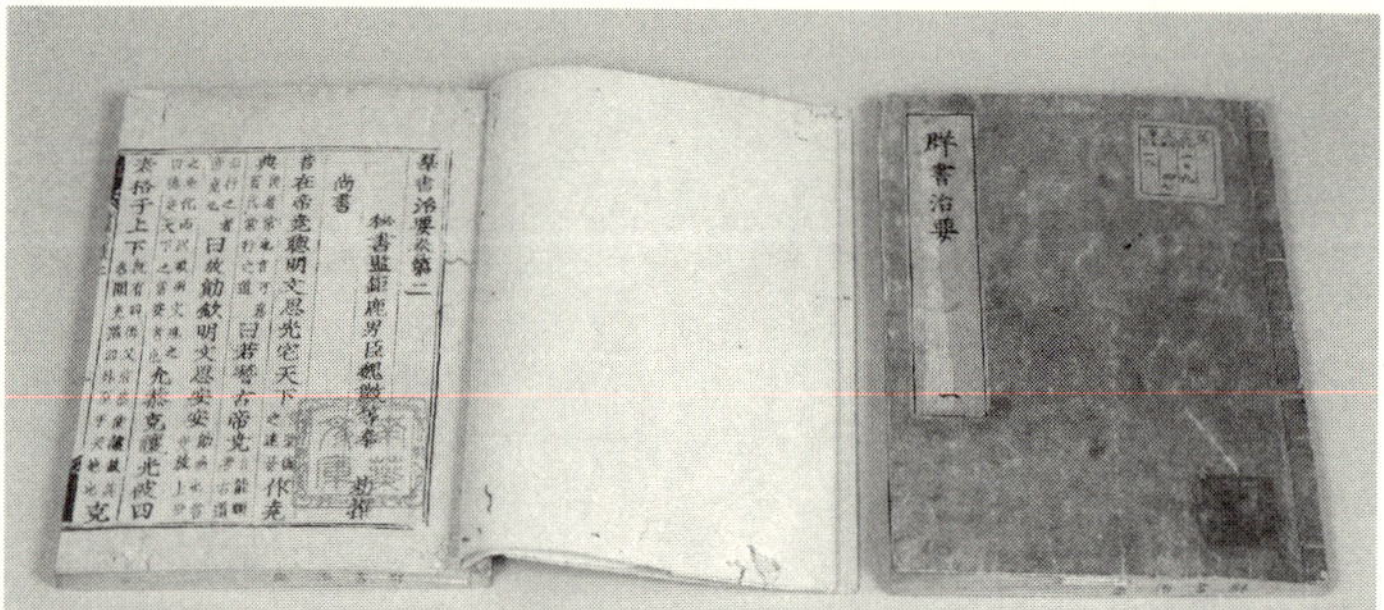
駿河版『群書治要』（名古屋市蓬左文庫所蔵）

おわりに

戦国時代のことを研究していると、時々、戦国武将たちの強さはどこからくるのか考えることがある。強さといっても、合戦での強さとか腕力といったものではなく、精神力の強さである。完膚なきまでに負け、絶望的な状況に追い込まれても決してあきらめない、その精神力の強さはどこからくるものなのだろうか。すぐにあきらめたり、壁にぶち当たったりすると落ち込んでしまう現代人とは大きな違いがある。それは、おそらく、子どもの頃に読んだ書物の違いであろう。武将たちの強靭な精神力、負けじ魂を培ったものは何だったのか、それを読書遍歴から明らかにしようとしたのが本書である。

また、戦国武将は、武将であるとともに、レベルはいろいろであるが、為政者としての側面も持っていた。戦国大名クラスの子どもであれば、将来、何百人、あるいは何千人もの家臣を束ねることが求められる。実際、子どもの頃からリーダーシップを身につけるための教育が施されていた。名将といわれる武将の中に、子どもの頃に禅寺へ入り、禅僧の教えを受けた者が多いというのは、決して単なる偶然ではなく、むしろ必然だったといってよい。

そこで、まわりの家臣たちから信頼されるための、日常的な生活規範をつかんでいったことが一つ、そしてもう一つは、和書・漢籍取り交ぜての読書である。本を読むことで武将子弟たちは成長していった。本書では、その実態を追うことができたのではないかと考えている。

人間形成において読書が果たす役割には大きなものがある。それは、戦国時代に限らず、現代にも共通するものであろう。

最後に、本書ができるまでのいきさつについて触れておきたい。約一年前の平成二十四年十月十八日、名古屋市で「中部トーハン会」の総会が開かれ、その記念講演を依頼され、「戦国武将の人間形成と読書」というテーマで講演をした。その講演を柏書房の富澤凡子社長が聴講していて、約一ヵ月後、社長自らが私のところを訪ね、「講演内容を中心にして一冊書いてほしい」といわれたのが発端であった。編集部の小代渉氏には構成などの点で相談に乗っていただいた。お二人に感謝し、擱筆する。

平成二十五年十二月二十四日

小和田哲男

著者紹介
小和田哲男（おわだ てつお）
1944年、静岡市生まれ。
1972年、早稲田大学大学院文学研究科博士課程修了。
静岡大学教育学部専任講師、教授などを経て、同大学名誉教授。専攻は日本中世史。文学博士。

◆主要著書
『小和田哲男著作集』（全7巻、清文堂出版）、『歴史探索入門』『戦国三姉妹』（ともに角川選書）、『今川義元』『黒田如水』（ともにミネルヴァ書房）、『軍師・参謀』『戦国武将の手紙を読む』（ともに中公新書）、『黒田官兵衛』（平凡社新書）ほか多数。

戦国大名《せんごくだいみょう》と読書《どくしょ》

2014年2月10日　第1刷発行

著　者　　小和田哲男

発行者　　富澤凡子
発行所　　柏書房株式会社
東京都文京区本郷2-15-13（〒113-0033）
電話（03）3830-1891［営業］
（03）3830-1894［編集］

ブックデザイン　藤田美咲
組　版　　有限会社一企画
印　刷　　萩原印刷株式会社
製　本　　株式会社ブックアート

ISBN978-4-7601-4338-2